T0329396

CAMBRIDGE LIBRARY COLLECTION

Books of enduring scholarly value

Literary Studies

This series provides a high-quality selection of early printings of literary works, textual editions, anthologies and literary criticism which are of lasting scholarly interest. Ranging from Old English to Shakespeare to early twentieth-century work from around the world, these books offer a valuable resource for scholars in reception history, textual editing, and literary studies.

The Life of Swinburne

In paying tribute to the English poet Charles Algernon Swinburne (1837–1909), his friend and biographer Edmund Gosse (1849–1928) said 'his character was no less strange than his physique ... he was violent, arrogant, even vindictive, and yet no one could be more affectionate, more courteous, more loyal'. Swinburne and Gosse moved in the same literary set and also in the Pre-Raphaelite circle of artists: Swinburne was especially attached to D. G. Rossetti's wife, Elizabeth Siddal. In his time, Swinburne became notorious for many of his works, including the controversial volume *Poems and Ballads*, published in 1866, but was also a novelist, playwright and literary critic. Gosse published this brief biography of his friend in 1912, and it gives a sketch of Swinburne's formative years at Eton and Oxford, his rich literary life, and his final years, which were complicated by poor health. Gosse later edited posthumous collections of Swinburne's works.

Cambridge University Press has long been a pioneer in the reissuing of out-of-print titles from its own backlist, producing digital reprints of books that are still sought after by scholars and students but could not be reprinted economically using traditional technology. The Cambridge Library Collection extends this activity to a wider range of books which are still of importance to researchers and professionals, either for the source material they contain, or as landmarks in the history of their academic discipline.

Drawing from the world-renowned collections in the Cambridge University Library, and guided by the advice of experts in each subject area, Cambridge University Press is using state-of-the-art scanning machines in its own Printing House to capture the content of each book selected for inclusion. The files are processed to give a consistently clear, crisp image, and the books finished to the high quality standard for which the Press is recognised around the world. The latest print-on-demand technology ensures that the books will remain available indefinitely, and that orders for single or multiple copies can quickly be supplied.

The Cambridge Library Collection will bring back to life books of enduring scholarly value (including out-of-copyright works originally issued by other publishers) across a wide range of disciplines in the humanities and social sciences and in science and technology.

The Life of Swinburne

Edmund Gosse

CAMBRIDGE
UNIVERSITY PRESS

CAMBRIDGE UNIVERSITY PRESS

Cambridge, New York, Melbourne, Madrid, Cape Town,
Singapore, São Paolo, Delhi, Tokyo, Mexico City

Published in the United States of America by Cambridge University Press, New York

www.cambridge.org
Information on this title: www.cambridge.org/9781108034142

This edition first published 1912
This digitally printed version 2011

ISBN 978-1-108-03414-2 Paperback

THE LIFE OF SWINBURNE

THE LIFE

OF

SWINBURNE

BY

EDMUND GOSSE

WITH A

LETTER ON SWINBURNE AT ETON

BY

LORD REDESDALE

LONDON
PRIVATELY PRINTED AT THE
CHISWICK PRESS
1912

PREFACE

THE brief record of Swinburne's Life, which
occupies the ensuing pages, has been com-
piled, almost entirely from hitherto unpublished sources, at the request of Sir
Sidney Lee, and will appear in the third
volume of the new Supplement of the Dic-
tionary of National Biography. I have
added to it a letter, written to me by Lord
Redesdale, which contains valuable information regarding the school-days of the poet,
who was the writer's first cousin and close
friend. This is here printed, for the first time,
with Lord Redesdale's very kind consent.

EDMUND GOSSE.

15*th May* 1912.

THE LIFE OF SWINBURNE

ALGERNON CHARLES SWINBURNE was born in
Chester Street, Grosvenor Place, London, on 5
April 1837. He was the eldest child of Admiral
Charles Henry Swinburne (1797-1877), by his
wife Lady Jane Henrietta (1809-1896), daughter
of George Ashburnham, third Earl of Ashburnham. His father was second son of Sir John
Edward Swinburne (1762-1860), sixth baronet,
of Capheaton, in Northumberland. This baronet,
who exercised a strong influence over his grand-
son, the poet, had been born and brought up in
France, and cultivated the memory of Mirabeau.
In habits, dress, and modes of thought he was
like a French nobleman of the *ancien régime*.
From his father, a cut-and-dried unimaginative
old " salt," the poet inherited little but a certain
identity of colour and expression; his features
and something of his mental character were his
mother's. Lady Jane was a woman of exquisite
accomplishment, and widely read in foreign

literature. From his earliest years Algernon was trained, by his grandfather and by his mother, in the French and Italian languages. He was brought up, with the exception of long visits to Northumberland, in the Isle of Wight, his grand-parents residing at the Orchard, Niton, Ventnor, and his parents at East Dene, Bonchurch.

He had been born all but dead and was not expected to live an hour; but though he was always nervous and slight, his childhood, spent mainly in the open air, was active and healthy. His parents were high-church and he was brought up as "a quasi-catholic." He recollected in after years the enthusiasm with which he welcomed the process of confirmation, and his "ecstasies of adoration when receiving the Sacrament." He early developed a love for climbing, riding, and swimming, and never cared, through life, for any other sports. His father, the admiral, taught him to plunge in the sea when he was still almost an infant, and he was always a fearless and, in relation to his physique, a powerful swimmer. "He could swim and walk for ever" (LORD REDESDALE). He was prepared for Eton by Collingwood Forster Fenwick, rector of Brook, near Newport, Isle of Wight, who expressed his surprise at finding the child so deeply read in certain directions; Algernon having, from a very early age, been "privileged to have a book at meals" (MRS. DISNEY LEITH).

He came to Eton at Easter 1849, arriving, "a queer little elf, who carried about with him a Bowdlerised Shakespeare, adorned with a blue silk book-marker, with a Tunbridge-ware button at the end of it" (LORD REDESDALE). This volume had been given to him by his mother when he was six years of age. Up to the time of his going to Eton he had never been allowed to read a novel, but he immediately plunged into the study of Dickens, as well as of Shakespeare (released from Bowdler), of the old dramatists, of every species of lyrical poetry. The embargo being now raised, he soon began to read everything. "It is difficult to say what, at the age of twelve, Swinburne did not know, and, what is more, appreciate, of English literature" (SIR GEORGE YOUNG). He devoured even that didactic anthology the "Poetæ Græci," a book which he long afterwards said "had played a large part in fostering the love of poetry in his mind" (A. G. C. LIDDELL). In 1850 his mother gave him Dyce's Marlowe, and he soon knew Ford and Webster. He began, before he was fourteen, to collect rare editions of the dramatists. Any

day he could be found in a bay-window of the
college library, the sunlight on his hair, and his
legs always crossed tailor-wise, with a folio as
big as himself spread open upon his knees. The
librarian, "Grub" Brown, used to point him out,
thus, to strangers as one of the curiosities of
Eton. He boarded at Joynes's, who was his
tutor; Hawtrey was head-master.

It has been falsely said that Swinburne was
bullied at Eton. On the contrary, there was
"something a little formidable about him"
(SIR GEORGE YOUNG), considerable tact (LORD
REDESDALE), and a great, even audacious, courage, which kept other boys at a distance. He
did not dislike Eton, but he cultivated few friendships; he did not desire school honours, he
never attempted any game or athletics, and he
was looked upon as odd and unaccountable, and
so left alone to his omnivorous reading. He was
a kind of fairy, a privileged creature. Lord
Redesdale recalls his taking "long walks in
Windsor Forest, always with a single friend,
Swinburne dancing as he went, and reciting
from his inexhaustible memory the works which
he had been studying in his favourite sunlighted
window." Sir George Young has described him
vividly: "his hands and feet all going" while

he talked; "his little white face, and great
aureole of hair, and green eyes," the hair standing out in a bush of "three different colours and
textures, orange-red, dark red, and bright pure
gold." Charles Dickens, at Bonchurch in 1849,
was struck with "the golden-haired lad of the
Swinburnes" whom his own boys used to play
with, and when he went to congratulate the poet
on "Atalanta" in 1865, he reminded him of this
earlier meeting. In 1851 Algernon "passed" in
swimming, and at this time, in the holidays,
caused some anxiety by his recklessness in riding
and climbing; he swarmed up the Culver Cliff,
hitherto held to be impregnable, a feat of which
he was proud to the end of his life.

Immediately on his arrival at Eton he had attacked the poetry of Wordsworth. In September
1849 he was taken by his parents to visit that poet
in the Lakes; Wordsworth, who was very gracious,
said in parting that he did not think that Algernon
"would forget" him, whereupon the little boy
burst into tears (MISS SEWELL'S *Autobiography*).
Earlier in the same year Lady Jane had taken her
son to visit Rogers in London; and on this old man
also the child made a strong impression. Rogers
laid his hand on Algernon's head in parting, and
said, "I think that you will be a poet, too!" He

was, in fact, now writing verses, some of which
his mother sent to "Fraser's Magazine," where
they appeared, with his initials, in 1849 and again
in 1851; but of this "false start" he was afterwards not pleased to be reminded. It is interesting that at the age of fourteen many of his
life-long partialities and prejudices were formed;
in the course of 1851 we find him immersed in
Landor, Shelley and Keats, in the "Orlando
Furioso" and in the tragedies of Corneille, and
valuing them as he did throughout his life; while,
on the other hand, already hating Euripides, insensible to Horace, and injurious to Racine.

In the catholicity of his poetic taste there was
one odd exception; he had promised his mother,
whom he adored, not to read Byron, and in fact
did not open that poet till he went to Oxford.
In 1852, reading much French with Tarver,
"Notre Dame de Paris" introduced him to
Victor Hugo. He now won the second Prince
Consort's prize for French and Italian, and in
1853 the first prizes for French and Italian. His
Greek elegiacs were greatly admired. He was,
however, making no real progress at school, and
was chafing against the discipline; in the summer
of 1853 he had trouble with Joynes, of a rebel-
lious kind, and did not return to Eton, "although

nothing had been said during the half about his leaving" (SIR G. YOUNG). When he left he was within a few places of the head-master's division.

In 1854 there was some talk of his being trained for the army, which he greatly desired; but this was abandoned on account of the slightness and shortness of his figure. All his life he continued to regret the military profession. He was prepared for Oxford, in a desultory way, by John Wilkinson, perpetual curate of Cambo in Northumberland, who said that he "was too clever and would never study." On 24 Jan. 1856 Swinburne matriculated at Balliol College, Oxford, and he kept terms regularly through the years 1856, 1857, and 1858. After the first year his high-church proclivities fell from him and he became a nihilist in religion and a republican. He had portraits of Mazzini in his rooms, and declaimed verses to them (LORD SHEFFIELD); in the spring of 1857 he wrote an "Ode to Mazzini," not yet published, which is his earliest work of any maturity. In this year, while at Capheaton, he formed the friendship of Lady Trevelyan and Miss Capel Lofft, and was for the next four years a member of their cultivated circle at Wallington. Here Ruskin met him, and formed a very high opinion of his imaginative

capacities. In the autumn Edwin Hatch introduced him to D. G. Rossetti, who was painting
in the Union, and in December the earliest of
Swinburne's contributions to "Undergraduate
Papers" appeared. To this time belong his
friendships with John Nichol, E. Burne-Jones,
W. Morris, and Spencer Stanhope. Early in
1858 he was writing his tragedy of "Rosamond,"
a poem on "Tristram," and planning a drama
on "The Albigenses." In March 1858 Swinburne
dined at Farringford with Tennyson, who thought
him "a very modest and intelligent young fellow"
and read "Maud" to him, urging upon him a
special devotion to Virgil. In April the last of
the "Undergraduate Papers" appeared.

In the Easter term Swinburne took a second in
moderations, and won the Taylorian scholarship
for French and Italian. When at Eton he had
twice (in 1849 and 1852) paid brief visits to Paris.
he now accompanied his parents to France for a
longer time. The attempt of Orsini, in January
1858, to murder Napoleon III had found an
enthusiastic admirer in Algernon, who decor-
ated his rooms at Oxford with Orsini's portrait,
and proved an embarrassing fellow-traveller in
Paris to his parents. He kept the Lent and
Easter terms of 1859 at Balliol, and when the

Austrian war broke out in May, he spoke at the
Union, "reading excitedly but ineffectively a
long tirade against Napoleon and in favour of
Orsini and Mazzini" (LORD SHEFFIELD). He
began to be looked upon as "dangerous," and
Jowett, who was much interested in him, expressed an extreme dread that the college might
send him down and so "make Balliol as ridicu-
lous as University had made itself about Shelley."
At this time Swinburne had become what he
continued to be for the rest of his life, a high tory
republican. He cultivated few friends except
those who immediately interested him poetically
and politically. But he was a member of the
club called the Old Mortality, in which he was
associated with Nichol, Dicey, Luke (who was
drowned in 1861), T. H. Green, Caird, and
Pater, besides Mr. Bryce and Mr. Bywater.

Jowett thought it well that Swinburne should
leave Oxford for a while at the end of Easter
term, 1859, and sent him to read modern history with William Stubbs at Navestock. Here
Swinburne recited to his host and hostess a
tragedy he had just completed (probably "The
Queen Mother"). In consequence of some
strictures made by Stubbs, Swinburne de-
stroyed the only draft of the play, but was able

to write it all out again from memory. He was
back at the university from 14 Oct. to 21 Nov.,
when he was principally occupied in writing a
three-act comedy in verse in the manner of
Fletcher, now lost; it was called "Laugh and
Lie Down." He had lodgings in Broad Street,
where the landlady made complaints of his late
hours and general irregularities. Jowett was con-
vinced that he was doing no good at Oxford,
and he left without taking a degree. His father
was greatly displeased with him, but Algernon
withdrew to Capheaton, until, in the spring of
1860, he came to London, and took rooms near
Russell Place to be close to the Burne-Joneses.
He now received a very small allowance from his
father, and gave up the idea of preparing for
any profession. Capheaton was still his summer
home, but when Sir John Swinburne died (26
Sept. 1860) Algernon went to the William Bell
Scotts' in Newcastle for some time. His first
book, "The Queen Mother and Rosamond,"
was published before Christmas; it fell dead
from the press.

When Algernon returned to London early in
1861 his friendship with D. G. Rossetti became
intimate; for the next ten years they "lived on
terms of affectionate intimacy; shaped and col-

oured, on his side, by cordial kindness and exuberant generosity, on mine by gratitude as loyal and admiration as fervent as ever strove and ever failed to express all the sweet and sudden passion of youth towards greatness in its elder" (from an unpublished statement, written by Swinburne in 1882). This was by far the most notable experience in Swinburne's career. Rossetti developed, restrained and guided, with marvellous skill, the genius of "my little North-umbrian friend," as he used to call him. Under his persuasion Swinburne was now writing some of his finest early lyrics, and was starting a cycle of prose tales, to be called "The Triameron"; this was to consist of some twenty stories. Of these "Dead Love" alone was printed in his lifetime; but others exist unpublished, the most interesting being "The Marriage of Mona Lisa," "A Portrait," and "Queen Fredegonde."

In the summer of 1861 he was introduced to Monckton Milnes, who actively interested himself in Swinburne's career. Early in 1862 Henry Adams, the American writer, then acting as Monckton Milnes's secretary, met Swinburne at Fryston on an occasion which he has described in his privately printed diary. The company also included Stirling of Keir (afterwards Sir W.

B

Stirling-Maxwell) and Laurence Oliphant, and
all Milnes's guests made Swinburne's acquaintance for the first time. He reminded Adams of
"a tropical bird," "a crimson macaw among
owls"; and it was on this occasion that Stirling,
in a phrase often misquoted, likened him to
"the Devil entered into the Duke of Argyll."
All the party, though prepared by Milnes's
report, were astounded at the flow, the volume
and the character of the young man's conversation; "Voltaire's seemed to approach nearest to
the pattern"; "in a long experience, before or
after, no one ever approached it." The men
present were brilliant and accomplished, but
they "could not believe in Swinburne's incredible
memory and knowledge of literature, classic,
mediæval and modern, nor know what to make
of his rhetorical recitation of his own unpublished
lyrics, "Faustine," "The Four Boards of the Coffin
Lid" [a poem published as "After Death"],
"The Ballad of Burdens," which he declaimed
as though they were books of the "Iliad." These
parties at Fryston were probably the beginning
of the social "legend" of Swinburne, which pre-
ceded and encouraged the reception of his works
a few years later. It was at Milnes's house that
he met and formed an instant friendship with

Richard Burton. The relationship which ensued was not altogether fortunate. Burton was a giant and an athlete, one of the few men who could fire an old-fashioned elephant-gun from his shoulder, and drink a bottle of brandy without feeling any effect from it. Swinburne, on the contrary, was a weakling. He tried to compete with the "hero" in Dr. Johnson's sense, and he failed.

He was being painted by Rossetti in February 1862 when the wife of the latter died so tragically; Swinburne gave evidence at the inquest (12 Feb.). He was now intimate with George Meredith, who printed, shortly before his death, an account of the overwhelming effect of Fitz-Gerald's "Rubaiyat" upon Swinburne, and the consequent composition of "Laus Veneris," probably in the spring of 1862. In this year Swinburne began to write, in prose as well as in verse, for the "Spectator," which printed "Faustine" and six other important poems, and (6 Sept.) a very long essay on Baudelaire's "Fleurs du Mal," written in a Turkish bath in Paris. A review of one of Victor Hugo's books, forwarded to the French poet, opened Swinburne's personal relations with that chief of his literary heroes. He now finished "Chastelard," on which he had long been engaged, and in October his prose story, "Dead Love," was printed in "Once a Week" (this appeared in book form in 1864). Swinburne joined Meredith and the Rossettis (24 Oct. 1862) in the occupation of Tudor House, 16 Cheyne Walk, Chelsea. D. G. Rossetti believed that it would be good for Swinburne to be living in the household of friends who would look after him without seeming to control him, since life in London lodgings was proving rather disastrous. Swinburne's extremely nervous organization laid him open to great dangers, and he was peculiarly unfitted for dissipation. Moreover, about this time he began to be afflicted with what is considered to have been a form of epilepsy, which made it highly undesirable that he should live alone.

In Paris, during a visit in March 1863, he had made the acquaintance of Whistler, whom he now introduced to Rossetti. Swinburne became intimate with Whistler's family, and after a fit in the summer of 1863 in the American painter's studio, he was nursed through the subsequent illness by the mother of Whistler. On his convalescence he was persuaded, in October, to go down to his father's house at East Dene, near Bonchurch, where he remained for five months and entirely recovered his health and spirits. He brought with him the opening of "Atalanta in Calydon," which he completed at East Dene. For a story called "The Children of the Chapel," which was being written by his cousin, Mrs. Disney Leith, he wrote at the same time a morality, "The Pilgrimage of Pleasure," which appeared, without his name, in March 1864. From the Isle of Wight, at the close of February 1864, Swinburne went abroad for what was to remain the longest foreign tour of his life. He passed through Paris, where he saw Fantin-Latour, and proceeded to Hyères, where Milnes had a villa, and so to Italy. From Rossetti he had received an introduction to Seymour Kirkup, then the centre of a literary circle in Florence, and Milnes added letters to Landor and to Mrs. Gaskell. Swinburne found Landor in his house in Via della Chiesa, close to the church of the Carmine, on 31 March, and he visited the art-galleries of Florence in the company of Mrs. Gaskell. In a garden at Fiesole he wrote "Itylus" and "Dolores." Two autumn months of this year (1864) were spent in Cornwall, at Tintagel (in company with Jowett), at Kynance Cove, and at St. Michael's Mount. On his return to London he went into lodgings at 22A Dorset Street, where he remained for several years.

"Atalanta in Calydon," in a cream-coloured
binding with mystical ornaments by D. G.
Rossetti, was published by Edward Moxon in
April 1865. At this time Swinburne, although
now entering his twenty-ninth year, was entirely
unknown outside a small and dazzled circle of
friends, but the success of "Atalanta" was instant and overwhelming. Ruskin welcomed it as
"the grandest thing ever done by a youth—
though he is a Demoniac youth" (E. T. COOK's
Life of Ruskin). In consequence of its popularity,
the earlier tragedy of "Chastelard" was now
brought forward and published in December of
the same year. This also was warmly received
by the critics, but there were murmurs heard as
to its supposed sensuality. This was the beginning of the outcry against Swinburne's literary
morals, and even "Atalanta" was now searched
for evidences of atheism and indelicacy.

He met, on the other hand, with many assur-
ances of eager support, and in particular, in
November 1865, he received a letter from a
young Welsh squire, George E. J. Powell of
Nant-Eôs (1842-82), who soon became, and for
several years remained, the most intimate of
Swinburne's friends. The collection of lyrical
poems, written during the last eight years, which

was now almost ready, was felt by Swinburne's circle to be still more dangerous than anything which he had yet published; early in 1866 (probably in January) the long ode called "Laus Veneris" was printed in pamphlet form, as the author afterwards stated, "more as an experiment to ascertain the public taste—and forbearance! —than anything else. Moxon, I well remember, was terribly nervous in those days, and it was only the wishes of mutual good friends, coupled with his own liking for the ballads, that finally induced him to publish the book at all." The text of this herald edition of "Laus Veneris" differs at various points from that included in the volume of "Poems and Ballads" which eventually appeared at the end of April 1866. The critics in the press denounced many of the pieces with a heat which did little credit to their judgement. Moxon shrank before the storm, and in July withdrew the volume from circulation. Another publisher was found in John Camden Hotten, to whom Swinburne now transferred all his other books. There had been no such literary scandal since the days of "Don Juan," but an attempt at prosecution fell through, and Ruskin, who had been requested to expostulate with the young poet, indignantly replied, "He is infinitely above me in all knowledge and power, and I should no more think of advising or criticising him than of venturing to do it to Turner if he were alive again."

Swinburne now found himself the most talked-of man in England, but all this violent notoriety was unfortunate for him, morally and physically. He had a success of curiosity at the annual dinner of the Royal Literary Fund (2 May 1866), where, Lord Houghton being in the chair, Swinburne delivered the only public speech of his life; it was a short critical essay on "The Imaginative Literature of England" committed to memory. In the autumn he spent some time with Powell at Aberystwyth. His name was constantly before the public in the latter part of 1866, when his portraits filled the London shop-windows and the newspapers outdid each other in legendary tales of his eccentricity. He had published in the summer a selection from Byron, with an introduction of extreme eulogy, and in October he answered his critics in "Notes on Poems and Reviews"; W. M. Rossetti also published a volume in defence.

The winter was spent at Holmwood, near Henley-on-Thames, where his family was now settled; here in November he finished a large

book on Blake, which had occupied him for
some time, and in February 1867 completed "A
Song of Italy," which was published in September.
His friends now included Simeon Solomon whose
genius he extolled in the " Dark Blue " magazine
and elsewhere. In April 1867, on a false report
of the death of Charles Baudelaire (who survived
until September of that year), Swinburne wrote
"Ave atque Vale." This was a period of wild
extravagance and of the least agreeable episodes
of his life; his excesses told upon his health,
which had already suffered, and there were everal
recurrences of his malady. In June, while staying
with Lord Houghton at Fryston, he had a fit
which left him seriously ill. In August, to re-
cuperate, he spent some time with Lord Lytton
at Knebworth, where he made the acquaintance
of John Forster. In November he published the
p mphlet of political verse called " An Appeal to
England." The Reform League invited him to
stand for Parliament; Swinburne appealed to
Mazzini, to whom he had been introduced, in
March 1867, by Karl Blind. Mazzini strongly
discouraged the idea, advising him to confine
himself to the cause of Italian freedom, and he
declined. Swinburne now became intimate with
Ada Isaacs Menken, who had left her fourth

and last husband, James Barclay. It has often
been repeated that the poems of this actress, published as "Infelicia" early in 1868, were partly
written by Swinburne, but this is not the case; and
the verses, printed in 1883, as addressed by him
to Ada Menken, were not composed by him. She
went to Paris in the summer of 1868 and died
there on 10 Aug.; the shock to Swinburne of the
news caused an illness which lasted several days,
for he was sincerely attached to her.

He was very busily engaged on political
poetry during this year. In February 1868 he
wrote "The Hymn of Man," and in April
"Tiresias"; in June he published, in pamphlet
form, "Siena." Two prose works belong to this
year, "William Blake" and "Notes on the
Royal Academy," but most of his energy was
concentrated on the transcendental celebration
of the Republic in verse. At the height of the
scandal about "Poems and Ballads" there had
been a meeting between Jowett and Mazzini at
the house of George Howard (afterwards Earl of
Carlisle), to discuss "what can be done *with*
and *for* Algernon." Mazzini had instructed Karl
Blind to bring the poet to visit him, and had
said, "There must be no more of this love-
frenzy; you must dedicate your glorious powers

to the service of the Republic." Swinburne's
reply had been to sit at Mazzini's feet and to pour
forth from memory the whole of "A Song of
Italy." For the next three years he carried out
Mazzini's mission, in the composition of "Songs
before Sunrise."

His health was still unsatisfactory; he had a
fit in the reading-room of the British Museum
(10 July), and was ill for a month after it. He
was taken down to Holmwood, and when suffi-
ciently recovered started (September) for Etretat,
where he and Powell hired a small villa which
they named the Chaumière de Dolmancé. Here
Offenbach visited them. The sea-bathing was
beneficial, but on his return to London Swinburne's illnesses, fostered by his own obstinate
imprudence, visibly increased in severity; in
April 1869 he complained of "ill-health hardly
intermittent through weeks and months." In
July and September he spent some weeks at
Vichy with Richard Burton, Leighton, and Mrs.
Sartoris. He went to Holmwood for the winter
and composed "Diræ" in December. In the
summer of 1870 he and Powell settled again at
Etretat; during this visit Swinburne, who was
bathing alone, was carried out to sea on the tide
and nearly drowned, but was picked up by a

smack, which carried him into Yport. At this
time, too, the youthful Guy de Maupassant paid
the friends a visit, of which he has given an enter-
taining account. When the Germans invaded
France, Swinburne and Powell returned to
England. In September Swinburne published
the "Ode on the Proclamation of the French
Republic." He now reappeared, more or less,
in London artistic society, and was much seen
at the houses of Westland Marston and Madox
Brown. "Songs before Sunrise," with its pro-
longed glorification of the republican ideal,
appeared early in 1871. In July and August of
this year Swinburne stayed with Jowett in the
little hotel at the foot of Loch Tummel. Here
he made the acquaintance of Browning, who was
writing "Hohenstiel-Schwangau." Browning was
staying near by, and often joined the party.
Swinburne, much recovered in health, was in
delightful spirits; like Jowett, he was ardently
on the side of France. In September he went
off for a long walking-tour through the highlands
of Scotland, and returned in splendid condition.
The life of London, however, was always bad for
him, and in October he was seriously ill again;
in November he visited George Meredith at
Kingston. He was now mixed up in much violent

polemic with Robert Buchanan and others; early in 1872 he published the most effective of all his satirical writings, the pungent "Under the Microscope." He had written the first act of "Bothwell," which F. Locker-Lampson set up in type for him; but this play, however, was not finished for several years. His intercourse with D. G. Rossetti had now ceased; his acquaintance with Mr. Theodore Watts began.

In July and August of this year he was again staying at Tummel Bridge with Jowett, and once more he was the life and soul of the party, enlivening the evenings with paradoxes and hyperboles and recitations of Mrs. Gamp. Jowett here persuaded Swinburne to join him in revising J. D. Rogers' "Children's Bible," which was published the following summer. In May 1873 the violence of Swinburne's attacks on Napoleon III (who was now dead) led to a remarkable controversy in the "Examiner" and the "Spectator." Swinburne had given up his rooms in Dorset Street, and lodged for a short time at 12 North Crescent, Alfred Place, whence he moved, in September 1873, to rooms at 3 Great James Street, where he continued to reside until he left London for good. Meanwhile he spent some autumn weeks with Jowett at Grantown. During this year he was busily engaged in writing "Bothwell," to which he put the finishing touches in February 1874, and published some months later.

The greater part of January 1874 he spent with Jowett at the Land's End. Between March and September he was in the country, first at Holmwood, afterwards at Niton in the Isle of Wight. In April 1874 he was put, without his consent, and to his great indignation, on the Byron Memorial Committee. He was at this time chiefly devoting himself to the Elizabethan dramatists; an edition, with critical introduction, of Cyril Tourneur, had been projected at the end of 1872, but had been abandoned; but the volume on "George Chapman" was issued, in two forms, in December 1874. This winter was spent at Holmwood, whence in February 1875 Swinburne issued his introduction to the reprint of Wells's "Joseph and his Brethren." From early in June until late in October he was out of London—at Holmwood; visiting Jowett at West Malvern, where he sketched the first outline of "Erechtheus"; and in apartments, Middle Cliff, Wangford, near Southwold, in Suffolk. His monograph on "Auguste Vacquerie," in French, was published in Paris in November 1875; the English version appeared in the "Miscellanies" of 1886. Two volumes of reprinted matter belong to this year, 1875; in prose "Essays and Studies," in verse "Songs of Two Nations"; and a pseudonymous pamphlet, attacking Buchanan, entitled "The Devil's Due." Most of 1876 was spent at Holmwood, with brief and often untoward visits to London. In July he was poisoned by lilies with which a too-enthusiastic hostess had filled his bedroom, and he did not completely recover until November. In the winter of this year appeared "Erechtheus" and "A Note on the Muscovite Crusade," and in December was written "The Ballad of Bulgarie," first printed as a pamphlet in 1893.

Admiral Swinburne, his father, died 4 March 1877. The poet sent his "Charlotte Brontë" to press in June, and then left town for the rest of the year, which he spent at Holmwood and again at Wangford, where he occupied himself in translating the poems of Francois Villon. He also issued, in a weekly periodical, his unique novel entitled "A Year's Letters," which he did not republish until 1905, when it appeared as "Love's Cross-Currents." In April 1878 Victor Hugo talked of addressing a poem of invitation to Swinburne, and a committee invited the latter to Paris in May to be present as the representative of

English poetry at the centenary of the death of Voltaire, but the condition of his health, which was deplorable during this year and the next, forbade his acceptance. In 1878 his chief publication was "Poems and Ballads (Second Series)."

Swinburne's state became so alarming that in September 1879 Mr. Theodore Watts, with the consent of Lady Jane Swinburne, removed him from 3 Great James Street to his own house, The Pines, Putney, where the remaining thirty years of his life were spent, in great retirement, but with health slowly and completely restored. Under the guardianship of his devoted companion, he pursued with extreme regularity a monotonous course of life, which was rarely diversified by even a visit to London, although it lay so near. Swinburne had, since about 1875, been afflicted with increasing deafness, which now (from 1879 onwards) made general society impossible for him. In 1880 he published three important volumes of poetry, "Studies in Song," "Heptalogia" (an anonymous collection of seven parodies), and "Songs of the Springtides"; and a volume of prose criticism, "A Study of Shakespeare." In April 1881 he finished the long ode entitled "Athens," and began "Tristram of Lyonesse"; "Mary Stuart" was publish d in this

year. In February 1882 he made the acquaintance of J. R. Lowell, who had bitterly attacked
his early poems. Lowell was now "very pleasant"
and the old feud was healed. In April, as he was
writing the last canto of "Tristram," he was sur-
prised by the news of D. G. Rossetti's death, and
he wrote his (still unpublished) "Record of
Friendship." In August Mr. Watts-Dunton took
him for some weeks to Guernsey and Sark. In
September, as he "wanted something big to do,"
Swinburne started a "Life and Death of Cæsar
Borgia," of which the only fragment that remains
was published in 1908 as "The Duke of Gandia."
The friends proceeded to Paris for the dinner to
Victor Hugo (22 Nov.) and the resuscitation of
"Le Roi s'amuse" at the Theatre Francais.
Swinburne was introduced for the first time to
Hugo and to Leconte de Lisle, but he could not
hear a line of the play, and on his return to
Putney he refused to go to Cambridge to listen
to the "Ajax," his infirmity now excluding him
finally from public appearances.

To 1883 belongs "A Century of Roundels,"
which made Tennyson say, "Swinburne is a reed
through which all things blow into music." In
June of that year Swinburne visited Jowett at
Emerald Bank, Newlands, Keswick. His history

now dwindles to a mere enumeration of his publications. "A Midsummer Holiday" appeared in 1884, "Marino Faliero" in 1885, "A Study of Victor Hugo" and "Miscellanies" in 1886, "Locrine" and a group of pamphlets of verse ("A Word for the Navy," "The Question," "The Jubilee," and "Gathered Songs") in 1887.

In June 1888 his public rupture with an old friend, Whistler, attracted notice; it was the latest ebullition of his fierce temper, which was now becoming wonderfully placid. His daily walk over Putney Heath, in the course of which he would waylay perambulators for the purposes of baby-worship, made him a figure familiar to the suburban public. Swinburne's summer holidays, usually spent at the sea-side with his inseparable friend, were the sources of much lyrical verse. In 1888 he wrote two of the most remarkable of his later poems, "The Armada" and "Pan and Thalassius." In 1889 he published "A Study of Ben Jonson" and "Poems and Ballads (Third Series)." His marvellous fecundity was now at length beginning to slacken; for some years he made but slight appearances. His latest publications were: "The Sisters" (1892); "Studies in Prose and Poetry" (1894); "Astrophel" (1894); "The Tale of Balen"

(1896); "Rosamund, Queen of the Lombards"
(1899); "A Channel Passage" (1904); and
"Love's Cross-Currents"—a reprint of the novel
"A Year's Letters" of 1877—in 1905. In that
year he wrote a little book about "Shakespeare,"
which was published posthumously in 1909. In
November 1896 Lady Jane Swinburne died, in
her eighty-eighth year, and was mourned by her
son in the beautiful double elegy called "The
High Oaks: Barking Hall."

Swinburne's last years were spent in great
placidity, always under the care of his faithful
companion. In November 1903 he caught a
chill, which developed into double pneumonia,
of which he very nearly died. Although under
great care, he wholly recovered, his lungs remained delicate. In April 1909, just before the
poet's seventy-second birthday, the entire household of Mr. Watts-Dunton was prostrated by
influenza. In the case of Swinburne, who suffered
most severely, it developed into pneumonia, and
in spite of the resistance of his constitution the
poet died on the morning of 10 April 1909. He
was buried, 15 April, at Bonchurch, among the
graves of his family. Swinburne left only one
near relation behind him, his youngest sister,
Miss Isabel Swinburne.

The physical characteristics of Algernon Swinburne were so remarkable as to make him almost unique. His large head was out of all proportion with his narrow and sloping shoulders; his slight body, and small, slim extremities, were accompanied by a restlessness that was often, but not correctly, taken for an indication of disease. Alternately he danced as if on wires or sat in an absolute immobility. His puny frame required little sleep, seemed impervious to fatigue, was heedless of the ordinary incentives of physical life; he inherited a marvellous constitution, which he impaired in early years, but which served his old age well. His character was no less strange than his physique. He was profoundly original, and yet he took the colour of his surroundings like a chameleon. He was violent, arrogant, even vindictive, and yet no one could be more affectionate, more courteous, more loyal. He was fierce in the defence of his prejudices, and yet dowered with an exquisite modesty. He loved everything that was pure and of good report, and yet the extravagance of his language was often beyond the reach of apology. His passionate love for very little children was entirely genuine and instinctive, and yet the forms of it seemed modelled on the expressions of Victor Hugo. It is a very remarkable circumstance, which must be omitted in no outline of his intellectual life, that his opinions, on politics, on literature, on art, on life itself, were formed in boyhood, and that though he expanded he scarcely advanced in any single direction after he was twenty. If growth had continued as it began, he must have been the prodigy of the world, but his development was arrested, and he elaborated during fifty years the ideas, the convictions, the enthusiasms which he possessed when he left college. Even his art was at its height when he was five and twenty, and it was the volume and not the vigour that increased. As a magician of verbal melody he impressed his early contemporaries to the neglect of his merit as a thinker, but posterity will regard him as a philosopher who gave melodious utterance to ideas of high originality and value. This side of his genius, exemplified by such poems as "Hertha" and "Tiresias," was that which showed most evidence of development, yet his masterpieces in this kind also were mainly written before he was thirty-five.

No complete collection of Swinburne's works has appeared, but his poems were published in six volumes in 1904, and his tragedies in five in 1905-6.

The authentic portraits of Swinburne are not very numerous. D. G. Rossetti made a pencil drawing in 1860, and in 1862 a water-colour painting, now in the Fitzwilliam Museum, Cambridge; the bust in oils, by G. F. Watts, May 1867, is now in the National Portrait Gallery. A water-colour drawing (*circa* 1863) by Simeon Solomon has disappeared. Miss E. M. Sewell made a small drawing in 1868, lately in the possession of Mrs. F. G. Waugh; a water colour, by W. B. Scott (*circa* 1860), is now in the possession of Mr. T. W. Jackson; a large pastel, taken in old age (Jan. 1900), by R. Ponsonby Staples, is in the possession of the writer of this memoir. A full-length portrait in water-colour was painted by A. Pellegrini, for reproduction in "Vanity Fair" in the summer of 1874; this drawing, which belonged to Lord Redesdale, was very generously given by him to me Although avowedly a caricature, this is in many ways the best surviving record of Swinburne's general aspect and attitude.

[Personal recollections, extending in the case of the present writer over more than forty years; the memories of contemporaries at school and college, particularly those kindly contributed by Sir George Young, by the poet's cousin, Lord

Redesdale, and by Lord Sheffield; the biblio-
graphical investigations of Mr. Thomas J. Wise,
principally embodied in A Contribution to
the Bibliography of Swinburne (published in
Robertson, Nicoll & Wise's Lit. Anecdotes of
the Nineteenth Century, 1896, ii. 291-364, and
more fully in his privately printed Bibliography
of Swinburne, 1897); and the examination of a
very large unpublished correspondence are the
chief sources of information. To these must be
added the valuable notes on The Boyhood of
Algernon Swinburne, published in the Contem-
porary Review for April 1910 by another cousin,
Mrs. Disney Leith. The Life of Jowett has
some notes, unfortunately very slight, of the
master of Balliol's life-long salutary influence
over the poet, who had been and never ceased
to be his pupil, and something is guardedly
reported in the Life of Lord Houghton. Mr.
Lionel Tollemache contributed to the Spectator
and to the Guardian in 1909 some pleasant
recollections. The recent Life of Edmund
Clarence Stedman, by his granddaughter (New
York, 1911) contains some very important auto-
biographical letters, and there are mentions in
the Autobiography of William Bell Scott, and
the privately printed Diary of Henry Adams

(quoted above). The name of Swinburne, with
an occasional anecdote, occurs in many recent
biographies, such as The Autobiography of
Elizabeth M. Sewell, the Recollections of Mr.
A. G. C. Liddell, the lives of D. G. Rossetti,
Edward Burne-Jones, Richard Burton, Whistler,
John Churton Collins, and Ruskin. R. H.
Shepherd's Bibliography of Swinburne (1887)
possesses little value. Swinburne left behind
him a considerable number of short MSS., principally in verse. The prose tales have been
recorded above, and certain of the verse; his
posthumous poems, none of which have yet
been published, also include a series of fine
Northumbrian ballads.]

E. G.

LETTER

FROM

THE LORD REDESDALE, G.C.V.O., K.C.B.

My Dear Gosse,

Here are the criticisms which suggest themselves to me on Mr.'——'s letter to the "Times" about Swinburne's Eton days. You will see that my personal recollections do not tally with his.

Amina, the ghoul of the Arabian Nights, and the archetype of the genus, was a lady. But there are also male ghouls and even sexless ghouls, and it is to a subdivision of the latter that a certain species of literary ghouls must be referred. These batten upon the fame of the illustrious dead. An inspired poet or prophet, a Prince of Letters, passes away. That is your ghoul's opportunity. Immediately he indites a letter to the "Times" or to any other newspaper that will give him print, in a fever of impatience to give to the world what he is pleased to call his "reminiscences." He may never have known the great man, he may have just received a nod from him, or even have been cut dead—that is immaterial—upon the perilous foundation of that nod, or no-nod, he will build his crazy fabric.

Algernon Charles Swinburne died in the

spring of 1909. Revelling in the pleasures of
the imagination Mr.—— at once fired off a letter
to the "Times" upon the subject of Swinburne's
Eton days, and in that letter there is hardly a
word which does not show that the writer knew
nothing about Swinburne, and that his vaunted
friendship with the poet was a myth. In the
first place Swinburne did not board at Coleridge's
but at Joynes's. I doubt whether he ever set
foot in the former house, for he was a very stay-
at-home boy, shy and reserved—not at all given
to gadding about in other houses and other boys'
rooms. Had Mr.—— known him "fairly well,"
he must at least have remembered to what house
he belonged. As a matter of fact I never saw
them speak to one another. I was Swinburne's
first cousin, and bound by ties of deep affection
and gratitude to his mother—my aunt. During
the first part of his stay at Eton, we were much
together, and, as I shall show presently, very
intimate. To my sorrow the friendship was in-
terrupted by circumstances which unavoidably
separated us. There was no quarrel, no shadow
of a misunderstanding. But I was sent into
College, Swinburne remained an oppidan. Between the collegers and the oppidans there was
little or no traffic. —— also was a colleger, and

the same reason that parted Swinburne and me, closely related as we were, and intimate as we had been, would almost preclude —— from even making his acquaintance outside of the schoolroom. Had there been any friendship between them it could hardly have escaped my knowledge. In 1853 I left college and became once more an oppidan: but it was too late: Swinburne had left or was just leaving. In after days our lives lay widely apart. Only once did I meet him in intimacy. We had a long delightful talk, but it was a flash in the pan. The fates drove us asunder again.

Swinburne entered Eton at the beginning of the Summer half of 1849. His father, the Admiral, and my aunt Lady Jane brought him, and at once sent for me to put him under my care. I was to "look after him." It is true that I was only a few weeks older than himself, and so, physically, not much of a protector; but I had already been three years at school, to which I was sent when I was nine years old, so I knew my Eton thoroughly, and was well versed in all its dear, delightful ways—mysteries bewildering to the uninitiated. I was already a little man of the world, at any rate of that microcosm which is a public school, and so I was able to steer my

small cousin through some shoals. What a fragile
little creature he seemed as he stood there between his father and mother, with his wondering
eyes fixed upon me! Under his arm he hugged
his Bowdler's Shakespeare, a very precious treas-
ure bound in brown leather with, for a marker,
a narrow slip of ribbon, blue I think, with a
button of that most heathenish marqueterie
called Tunbridge ware dangling from the end of
it. He was strangely tiny. His limbs were small
and delicate, and his sloping shoulders looked
far too weak to carry his great head, the size of
which was exaggerated by the tousled mass of
red hair standing almost at right angles to it.
Hero-worshippers talk of his hair as having been
a "golden aureole." At that time there was
nothing golden about it. Red, violent, aggressive
red it was, unmistakable, unpoetical carrots.
His features were small and beautiful, chiselled
as daintily as those of some Greek sculptor's
masterpiece. His skin was very white—not un-
healthy, but a transparent tinted white, such as
one sees in the petals of some roses. His face
was the very replica of that of his dear mother,
and she was one of the most refined and lovely
of women. His red hair must have come from
the Admiral's side, for I never heard of a red-

haired Ashburnham. The Admiral himself, whom I rarely saw, was, so well as my memory serves me, already grizzled, but his hair must have been originally very fair or even red. Another characteristic which Algernon inherited from his mother was the voice. All who knew him must remember that exquisitely soft voice with a rather sing-song intonation, like that of Russians when they put the music of their own Slav voices into the French language. All his mother's brothers and sisters had it. He alone, so far as I know, among my cousins reproduced it. Listening to him sometimes I could almost fancy that I could hear my aunt herself speaking, so startling was the likeness. His language, even at that age, was beautiful, fanciful, and richly varied. Altogether my recollection of him in those schooldays is that of a fascinating, most loveable little fellow. It is but a child's impression of another child. But I believe it to be just.

We rapidly became friends. Of course, being in separate houses, we could not be so constantly together as if we had both been in the same house. I was at Evans' and Durnford was my tutor. He was at Joynes's and of course Joynes was his tutor. Still we often met, and pretty frequently breakfasted together, he with me, or I

with him. Chocolate in his room, tea in mine.
The guest brought his own " order " of rolls and
butter, and the feast was made rich by the addition of sixpennyworth of scraped beef or ham
from Joe Groves's, a small sock-shop which was
almost immediately under Joynes's house. Little
gifts such as our humble purses could afford ce-
mented our friendship: I still possess and treas-
ure an abbreviated edition of Froissart's Chron-
icles which Algernon gave me now, alas! sixty-
three years ago. We ourselves were abbreviated
editions in those days, or rather duodecimos!

It was at Eton that he began to feel his wings.
His bringing up at home had been scrupulously
strict. His literary diet the veriest pap. His
precocious brain had been nourished upon food
for babes. Not a novel had he been allowed to
open, not even Walter Scott's. Shakespeare he
only knew through the medium of his precious
brown Bowdler. ——'s picture of Swinburne
sitting by the fire reading poetry is rank non-
sense: he had not the books: his school work
was prepared, as in the case of other boys, in his
room: his reading for pleasure was done in the
boys' library in Weston's yard. I can see him
now sitting perched up Turk-or-tailor-wise in
one of the windows looking out on the yard, with

some huge old-world tome, almost as big as himself, upon his lap, the afternoon sun setting on fire the great mop of red hair. There it was that he emancipated himself, making acquaintance with Shakespeare (minus Bowdler), Marlowe, Spenser, Ben Jonson, Ford, Massinger, Beaumont and Fletcher, and the other poets and playwrights of the sixteenth and seventeenth centuries. His tendency was greatly towards the Drama, especially the Tragic Drama. He had a great sense of humour in others; he would quote Dickens, especially Mrs. Gamp, unwearyingly; but his own genius leaned to tragedy. No less absurd is it to say that as a boy "he had an extraordinarily wide knowledge of the Greek poets, which he read with ease in the original." His study of the Greek tragedians, upon whose work he so largely modelled his own, came much later in life. At Eton these were lessons, and lessons are odious; besides, you cannot assimilate Aeschylus in homoeopathic doses of thirty lines, and he knew no more Greek than any intelligent boy of his age would do, nor did he take any prominent place in the regular school work, though he was a Prince Consort's prize man for modern languages. His first love in literature was given to the English poets, and after, or to-

gether with, these he devoured the great classics
of France and Italy. His memory was wonder-
ful, his power of quotation almost unlimited.
We used to take long walks together in Windsor
Forest and in the Home Park, where the famous
oak of Herne the Hunter was still standing, a
white, lightning-blasted skeleton of a tree, a fit-
ting haunt for "fairies, black, grey, green and
white," and a very favourite goal of our expedi-
tions. As he walked along with that peculiar
dancing step of his, his eyes gleaming with enthusiasm, and his hair, like the Zazzera of the
old Florentines, tossed about by the wind, he
would pour out in his unforgettable voice the
treasures which he had gathered at his last sitting. Other boys would watch him with amazement, looking upon him as a sort of inspired elfin-
something belonging to another sphere. None
dreamt of interfering with him—as for bullying
there was none of it. He carried with him one
magic charm—he was absolutely courageous.
He did not know what fear meant. It is gener-
ally the coward, the weakling in character, far
more than the weakling in thews and sinews,
that is bullied. Swinburne's pluck as a boy
always reminds me of Kinglake's description in
"Eothen" of Dr. Keate, the famous head master

of Eton: "He was little more (if more at all)
than five feet in height, and was not very great
in girth, but within this space was concentrated
the pluck of ten battalions." That was Swinburne
all over, and puny as he was, I verily believe,
that had any boy, however big, attempted to
bully him, that boy would have caught a Tartar.
Of games he took no heed; I do not think that
he ever possessed a cricket bat, but of walking
and swimming he never tired. And so he led a
sort of charmed life—a fairy child in the midst
of a commonplace, workaday world. As Horace
said of himself, "Non sine Dis animosus infans."

As for the fabulous race to Pote Williams'
shop for the first copy of "Maud" in 1855,
which Mr.—— "believes" he won, it is enough
to say that as Swinburne left Eton in 1853, it
must have taken place in dreamland. Upon that
subject the letter of Mr. Cornish which appeared
in the same day's "Times" as that of Mr.—— is
authoritative and incontrovertible. Poor Mr.
——! How little he thought that the same co-
lumn of the "Times" would contain his invention
and its contradiction: the poison and the antidote.

One more trait which you may like to find
room for. I have told you about his courage.
He was no horseman and had no opportunity at

home for riding. But in the matter of horses he was absolutely without terror. He, unskilled though he was, would ride anything, as fearless as a Centaur. Rides with his cousin, Lady Katherine Ashburnham (afterwards Bannerman) were among his great delights in that glorious forest-like Country above Ashburnham Place.

There is no truth in the story, how coined I know not, that Swinburne disliked Eton. There Mr.—— is, as an exception, correct. The poet was not made of the stuff which moulds the enthusiastic schoolboy, and I much doubt whether any school would, as such, have appealed to him. But Eton stands by itself. Its old traditions and its chivalrous memories, its glorious surroundings, meant for him something more than mere school: he looked back upon the gray towers, Windsor, the Forest, the Brocas, the Thames, Cuckoo Weir—with an affection which inspired his commemoration ode, and which, I believe, never left him. The place touched his poet's soul as no other school could have done, and so it fitted him.

Believe me to be,
My dear Gosse,
Yours sincerely,
REDESDALE.

EDMUND GOSSE, ESQ.

Printed in the United States
By Bookmasters

The Cambridge Modern French Series
Senior Group

GENERAL EDITOR: A. WILSON-GREEN, M.A.

MANUEL DE

LECTURE EXPLIQUÉE

XIXe SIÈCLE

MANUEL DE
LECTURE EXPLIQUÉE
XIXe SIÈCLE

Edited by

S. A. RICHARDS, M.A. (Lond.)

Cambridge :
at the University Press

1916

CAMBRIDGE
UNIVERSITY PRESS

University Printing House, Cambridge CB2 8BS, United Kingdom

Cambridge University Press is part of the University of Cambridge.

It furthers the University's mission by disseminating knowledge in the pursuit of
education, learning and research at the highest international levels of excellence.

www.cambridge.org
Information on this title: www.cambridge.org/9781316619964

© Cambridge University Press 1916

First published 1916
First paperback edition 2016

A catalogue record for this publication is available from the British Library

ISBN 978-1-316-61996-4 Paperback

PREFACE

THE French, who excel in the teaching of their mother tongue, regard *lecture expliquée* as a most valuable exercise for this purpose. It is equally useful in the case of foreign languages, though here it must, of course, be restricted to fairly advanced pupils, for it is a difficult art in itself and demands a certain facility of expression. Within these limits it is high time that it found a regular place in our modern language teaching.

The adoption of this method of instruction involves the use of a collection of *morceaux choisis* such as is to be found in every French school. There has arisen of late, in England, a feeling against what are termed "snippets," and this opposition is just. There is, however, all the difference in the world between "snippets" and well chosen passages, each complete in itself and taken from a standard author. Variety of style and vocabulary, alternative prose and verse are necessary elements in the successful employment of this exercise, which has for its object not only linguistic instruction, but, more especially, the formation of literary taste and of the power of literary appreciation. The continuous text does not fulfil these conditions, while to cut up such a text into portions, each followed by a series of questions, commentaries and exercises, is to rob it of its interest and to destroy the *impression d'ensemble* which can only be gained by uninterrupted reading.

There is another strong argument in favour of *morceaux choisis*. In attempting to teach his pupils to read, write and speak a foreign language, every teacher must feel that he has undertaken at least as much as can be carried to a fairly successful issue. There remains the literature of the language, but all that can be done in this direction is to enable the most advanced pupils to nibble at its fringe. The use of *morceaux choisis*, while providing material for *lecture expliquée*, will at the same time familiarize these pupils with the names and style of some of the greatest writers. The addition of short biographies or notices, in this volume, will still further facilitate the historical study of literature. Such study, when begun at school, is calculated to arouse an interest which will find its fuller satisfaction later on.

Though each teacher will probably adopt a method of using this book in accordance with his individual taste and experience, it may not be out of place to mention a plan of procedure which has been successfully worked. The teacher first reads the passage through, the pupils following in their books. Each pupil then reads a few lines in turn and the teacher questions him on such points as suggest themselves and explains whatever calls for explanation. Materials for this stage are given under the heading *Notes et Questions*. When the piece has been thus worked through, there remains the appreciation of it as a whole, the consideration of the style, subject-matter, underlying ideas, etc., and here help is given in the form of *Examen de fond, Analyse de style*, or *Questions d'examen*. Finally the passage will suggest subjects for composition ; two such will be found after each piece, in many cases accompanied by a *canevas*.

S. A. RICHARDS.

October 1915.

TABLE

LE DIX-NEUVIÈME SIÈCLE

Le commencement du dix-neuvième siècle marque la fin de l'époque classique. On n'écrit plus pour un public d'*élite* en se soumettant à des règles strictes que "le bon goût" considère comme indispensables. La Révolution a supprimé les *salons* et a beaucoup changé les conditions de la vie. Le public est devenu immense; les auteurs écrivent pour eux-mêmes; la littérature devient individuelle. Désormais elle aura moins d'unité mais plus de liberté.

De 1815 à 1850 le *romantisme* domine. La littérature *romantique* exprime surtout la *sensibilité* et l'*imagination* qu'avaient exaltées les grandes crises nationales. *Chateaubriand* et *Mme de Staël* sont les initiateurs de ce mouvement. Sous l'influence de J.-J. Rousseau, de Goethe, de Schiller, d'Ossian, de Scott, il se caractérise par l'abandon de l'antiquité pour l'étude du moyen âge et la littérature du nord, tandis que la raison tend à être remplacée par l'imagination. C'est l'époque de la poésie par excellence. Les quatre grands poètes, *Lamartine, Victor Hugo, Vigny, Musset* expriment, dans des vers souvent immortels, leurs émotions intimes.

C'est le *réalisme* qui caractérise la deuxième période (1850–1900). Les *sciences d'observation* se développent; leurs découvertes amènent une révolution industrielle. Ce qu'on cherche, ce qui se reflète dans la littérature, ce sont la vérité, l'exactitude, les réalités extérieures. Aussi les chefs-d'œuvre de cette période sont-ils des romans, œuvres impersonnelles, objectives, amorales. *Flaubert, Maupassant, Alphonse Daudet* dépeignent les mœurs contemporaines avec une vérité frappante. Le théâtre présente les mêmes traits caractéristiques; même la poésie se fait impersonnelle. *Leconte de Lisle* nous offre, dans ses vers impassibles, des tableaux parfaits tirés de la nature et de l'histoire.

R.   I

CHATEAUBRIAND (1768–1848)

François-René de Chateaubriand, sorti d'une famille illustre, passa une enfance rêveuse au château de Combourg, près de Saint-Malo, sa ville natale. En 1791, il partit pour faire un voyage en Amérique, voyage qu'il a raconté de toutes les façons dans ses œuvres. De retour, il passa dans l'armée des Émigrés. Blessé à Thionville, il se réfugia à Londres d'où il rentra en France en 1800. Pendant les deux années suivantes il publia *Atala* et *Le Génie du Christianisme*. Ce dernier écrit fut le résultat d'un retour à la religion après la mort de sa mère; "j'ai pleuré, dit-il, et j'ai cru." Il y a dépeint d'une manière saisissante la vie du moyen âge. Après avoir visité l'Italie, la Grèce, et l'Orient il publia, en 1809, *Les Martyrs*, sorte d'épopée en prose dans laquelle il a décrit la foi et la vie des premiers chrétiens. Entré dans la politique sous la Restauration, il devint ministre et ambassadeur; après 1830 il se retira.

Son caractère était ombrageux et fier; ses écrits nous révèlent ce qu'il a vu et senti par lui-même.

Il a rendu à ses compatriotes le sens religieux et le goût du moyen âge. Il a peint la nature d'une façon incomparable mais d'un point de vue subjectif. Il a inventé la mélancolie moderne : ce qu'on a appelé *le mal du siècle*. En matière de critique il a su substituer le sens historique et esthétique au *dogmatisme* des classiques. Son style est oratoire et poétique, toujours harmonieux et riche en images. Il est le premier des *romantiques*, le maître du dix-neuvième siècle.

LE CHARMEUR DE SERPENTS.

Au mois de juillet 1791, nous voyagions dans le Haut-Canada[1]; avec quelques familles sauvages de la nation des Onontagués. Un jour que[2] nous étions arrêtés[3] dans une grande plaine, au bord de la rivière Génésie, un serpent à sonnettes[4] entra dans notre camp. Il y avait parmi nous[5] un Canadien qui jouait de[6] la flûte; il voulut nous divertir, et s'avança contre[7] le serpent avec son arme d'une nouvelle espèce[8]. A l'approche de son ennemi[9], le reptile se forme en spirale, aplatit sa tête, enfle ses joues, contracte ses lèvres, découvre ses dents empoisonnées et sa gueule sanglante[10]; il brandit sa double langue comme deux flammes; ses yeux sont deux charbons ardents; son corps, gonflé de rage, s'abaisse et s'élève comme les soufflets d'une forge; sa peau, dilatée, devient terne et écailleuse, et sa queue, dont il sort un bruit sinistre, oscille avec tant de rapidité qu'elle ressemble à une légère vapeur[11].

Alors le Canadien commence à jouer sur[12] sa flûte; le serpent fait un mouvement de surprise, et retire la tête en arrière. A mesure qu'il est frappé de l'effet magique, ses yeux perdent leur âpreté, les vibrations de sa queue se ralentissent, et le bruit qu'elle fait entendre s'affaiblit et meurt peu à peu. Moins perpendiculaire sur leur ligne spirale, les orbes[13] du serpent charmé s'élargissent, et viennent tour à tour se poser sur la terre, en cercles concentriques. Les nuances d'azur, de vert, de blanc et d'or reprennent leur éclat sur sa peau frémissante; et, tournant légèrement la tête, il demeure immobile dans l'attitude de l'attention et du plaisir.

Dans ce moment le Canadien marche quelques pas, en tirant de sa flûte des sons doux et monotones; le reptile baisse son cou nuancé, entr'ouvre[14], avec sa tête, les herbes

fines, et se met à ramper sur les traces du musicien qui
l'entraîne, s'arrêtant lorsqu'il s'arrête, et recommençant à
le suivre quand il recommence à s'éloigner. Il fut ainsi
conduit hors de notre camp, au milieu d'une foule de
spectateurs, tant sauvages qu'européens, qui en croyaient
à peine leurs yeux ; à cette merveille de la mélodie, il n'y
eut qu'une seule voix dans l'assemblée pour qu'on laissât le
merveilleux serpent s'échapper.

(*Génie du Christianisme*, Ire partie, livre III, chap. II.)

Notes et Questions.

1. **le Haut-Canada** : la côte septentrionale des lacs
Supérieur, Huron, Érié et Ontario.

2. **que** : quelle est la fonction et quelle est la signification
de ce mot ? Citez d'autres exemples d'un emploi semblable.

3. Distinguez : *nous étions arrêtés* et *nous nous étions arrêtés*.

4. **serpent à sonnettes** : serpent très venimeux ; l'extrémité
de sa queue est formée d'anneaux mobiles et cornés qui font
du bruit au moindre mouvement du reptile. Qu'est-ce qu'une
sonnette ?

5. **parmi nous** : exprimez d'une autre façon. Distinguez :
parmi nous et *entre nous*.

6. **de** : dans quels cas le verbe *jouer* est-il suivi de la
préposition *à* ? Citez des exemples. Complétez : elle joue —
piano ; nous jouons quelquefois — cartes ; jouez-vous — tennis ?
il joua — jambes pour s'éloigner de moi.

7. **contre** : quelle autre préposition pourrait-on mettre ici ?
Pourquoi l'auteur a-t-il choisi celle-ci ?

8. **son arme** : en quoi la flûte du Canadien était-elle une
arme ? Pourquoi l'auteur l'appelle-t-il "une arme d'une *nouvelle*
espèce " ?

9. **son ennemi** : est-ce que ce Canadien était l'ennemi du
serpent à sonnettes ? Expliquez l'emploi de ce mot.

10. **sa gueule sanglante** : quel est le sens littéral du mot
sanglant ? Qu'est-ce que le mot signifie ici ?

11. **A l'approche…vapeur :** qu'est-ce que tous ces détails montraient ? A quoi le serpent se préparait-il ?

12. **sur :** *Il joue très bien de la flûte. Il commence à jouer sur sa flûte.* Expliquez l'emploi des deux prépositions.

13. **orbes :** quelle est la signification ordinaire de ce mot ? Que veut-il dire ici ?

14. **entr'ouvre :** exprimez d'une autre façon. Quelle est la force du préfixe *entre* ? Donnez-en d'autres exemples.

EXAMEN DE FOND.

Cette description nous présente un contraste frappant. D'abord nous avons le serpent irrité.—Comment manifeste-t-il sa colère ?—Puis la musique produit un effet merveilleux, et l'auteur nous présente un tableau bien différent du premier.— Comment le serpent montre-t-il l'apaisement de sa colère ?— Trouver un titre pour chacun de ces tableaux. Montrer que les détails des deux tableaux correspondent les uns aux autres. Est-ce que l'auteur a arrangé cela exprès ? Quel est l'effet ainsi produit ?

EXERCICES.

(1) Description : Le serpent.

(2) Traiter ce sujet : *La puissance de la musique.* La mythologie, Orphée et son luth.—Ce que dit Shakespeare à ce sujet.—L'effet que produit la musique sur les animaux : les chiens, les oiseaux chanteurs ; l'emploi de la musique par les charmeurs de serpents.—L'effet produit sur les hommes : voir le poème de Dryden, *Alexander's Feast.*

LA CONSCIENCE.

Chaque homme a au milieu du cœur un tribunal où il commence par se juger soi-même[1], en attendant que l'Arbitre souverain confirme[2] la sentence. Si le vice n'est qu'une conséquence physique de notre organisation, d'où vient cette frayeur qui trouble les jours d'une prospérité coupable[3]? Pourquoi le remords est-il si terrible qu'on préfère se soumettre à la pauvreté et à toute la rigueur de la vertu plutôt que d'acquérir des biens illégitimes[4]? Pourquoi y a-t-il une voix dans le sang, une parole dans la pierre[5]? Le tigre déchire sa proie, et dort; l'homme devient homicide, et veille[6]. Il cherche les lieux déserts, et cependant la solitude l'effraye; il se traîne autour des tombeaux, et cependant il a peur des tombeaux[7]. Son regard est mobile et inquiet; il n'ose regarder le mur de la salle du festin, dans la crainte d'y lire des caractères funestes[8]. Ses sens semblent devenir meilleurs[9] pour le tourmenter: il voit, au milieu de la nuit, des lueurs menaçantes; il est toujours environné de l'odeur du carnage, il découvre le goût du poison dans les mets qu'il a lui-même apprêtés; son oreille, d'une étrange subtilité, trouve le bruit où tout le monde trouve le silence; et sous les vêtements de son ami, lorsqu'il l'embrasse, il croit sentir un poignard caché[10].

(*Génie du Christianisme*, Ire partie, livre VI, chap. II.)

Notes et Questions.

1. **soi-même**: justifiez l'emploi dans cet endroit de ce pronom indéfini. Mettez *lui-même, elle-même, elles-mêmes, soi-même,* suivant le cas: il parle toujours de —; il ne faut pas parler de —; elle s'est jugée —; chacun devrait se juger —; il est bon quelquefois de rentrer en —; elles sont rentrées en —.

2. **confirme**: quel est le mode et pourquoi? Qu'est-ce qu'un *arbitre*? Qui est l'*Arbitre souverain*? Expliquez "en attendant... sentence."

3. **Si le vice...coupable?** Expliquez ce raisonnement. Comment cette *frayeur* prouve-t-elle l'existence du péché? *Qui trouble les jours d'une prospérité coupable*; expression très concise; développez-la.

4. **Pourquoi le remords...illégitimes?** Répétition du

même raisonnement sous une autre forme.—Interrogation de rhétorique ; quelle en est la réponse ?

5. **Pourquoi y a-t-il...pierre ?** Même figure de rhétorique.—Même réponse. Que veut dire *une voix dans le sang, une parole dans la pierre* ?

6. **Le tigre...veille.** Contraste saisissant. Énumérez-en les termes en faisant ressortir la corrélation qui existe entre eux. Pourquoi le tigre dort-il ? Pourquoi l'homicide veille-t-il ?

7. **Il cherche...des tombeaux :** pourquoi l'homicide cherche-t-il les lieux déserts, les tombeaux ? (Rapprochez les vers de Victor Hugo sur *Caïn* dans la *Légende des Siècles*.) Pourquoi les fuit-il ? *Il a peur des tombeaux :* justifiez cette répétition ; pourquoi l'auteur ne met-il pas *il en a peur ?* Quel mot est ainsi mis en relief ?

8. **il n'ose...funestes :** allusion au festin de Balthazar. Voir le *Livre du prophète Daniel*, chap. v.,—encore un exemple de l'empire de la conscience.

9. **meilleurs :** sous quels rapports les sens deviennent-ils *meilleurs ?* Rendez la phrase plus claire en y substituant un autre adjectif. Énumérez les différentes manifestations de cette nouvelle clarté des sens.

10. **il voit...caché :** série de contrastes frappants ; cherchez-en les termes correspondants. Faites ressortir la portée des expressions : *qu'il a lui-même apprêtés, sous les vêtements d'un ami.*

Le Style.

Dans le *Charmeur de Serpents* nous avons vu avec quelle lucidité Chateaubriand sait développer une simple narration ; nous avons remarqué son merveilleux pouvoir descriptif. Ici, en traitant un sujet plus abstrait, il choisit un style oratoire et se sert d'imposantes figures de rhétorique.

Il commence par une métaphore (*laquelle ?*) qui sert à définir la conscience. Puis il avance l'existence de cette conscience comme preuve de la fausseté de la proposition suivante : *que le vice n'est qu'une conséquence physique de notre organisation.* Ce raisonnement prend la forme d'une série d'interrogations auxquelles la proposition suivante fournit une réponse : *Le tigre déchire sa proie, et dort ; l'homme devient homicide et veille.* Quelle est la cause de ce contraste si frappant entre la morale des bêtes et celle de l'homme ?

L'auteur appuie encore sur son idée en terminant son discours par une succession de propositions frappantes qui racontent les terreurs d'une conscience inquiète et qui font pendant aux questions réitérées du début.

Remarquez, dans ce passage, quel parti il tire de l'itération et de l'interrogation. (*Citez des exemples.*) Nulle part il n'énonce la conclusion à laquelle il arrive, mais elle n'en ressort pas moins de son argument avec clarté et précision. (*Constatez-la.*)

Exercices.

1. Reproduire, en le précisant, l'argument de Chateaubriand.
2. Discuter : Les animaux sont-ils sans conscience ?

L'EXILÉ.

Combien j'ai douce souvenance[1]
Du joli lieu de ma naissance !
Ma sœur, qu'ils étaient beaux, les jours
　　　De France !
O mon pays ! sois mes amours,
　　　Toujours !

Te souvient-il que notre mère,
Au foyer de notre chaumière,
Nous pressait sur son cœur joyeux,
　　　Ma chère ?
Et nous baisions ses blancs cheveux,
　　　Tous deux.

Te souvient-il du lac tranquille
Qu'effleurait l'hirondelle agile,
Du vent qui courbait le roseau
      Mobile,
Et du soleil couchant sur l'eau,
      Si beau?

Ma sœur, te souvient-il encore
Du château que baignait la Dore²,
Et de cette tant³ vieille tour
      Du Maure,
Où l'airain⁴ sonnait le retour
      Du jour?

Te souvient-il de cette amie,
Douce compagne de ma vie?
Dans les bois, en cueillant la fleur
      Jolie,
Hélène appuyait sur mon cœur
      Son cœur⁵.

Oh! qui me rendra mon Hélène,
Et la montagne, et le grand chêne?
Leur souvenir fait tous les jours
      Ma peine.
Mon pays sera mes amours
      Toujours!

                (Poésies diverses.)

NOTES ET QUESTIONS.

1. **souvenance**: vieux mot; que dirait-on aujourd'hui?
2. **la Dore**: rivière du Puy-de-Dôme; se jette dans l'Allier.
3. **tant**: est-ce que *tant* s'emploie ordinairement avec les adjectifs? Quels autres mots pourriez-vous substituer à *tant*? Que veut dire *tant*? Donnez des exemples de son emploi.
4. **l'airain**: la cloche (qui est faite d'airain). Comment s'appelle cette figure de rhétorique?

5.   **cœur** : on a reproché à Chateaubriand d'avoir mis deux fois le même mot comme rime à la fin de deux vers qui se suivent. C'est peut-être pourquoi, dans les *Aventures du dernier Abencérage* où il a placé depuis ce petit poème, il a omis la cinquième strophe.

ANALYSE.

Quoique tous les détails de ce petit poème ne s'appliquent pas directement à Chateaubriand (*vérifiez cette assertion*), on peut bien croire que le poète pensait, en l'écrivant, au lieu de sa naissance (*où ?*), au château où s'était écoulée sa jeunesse (*nommez-le*), et à cette sœur bien-aimée (*Lucile*) qui avait été la compagne de ses rêves et dont il parle dans ses *Mémoires d'outre-tombe*. C'est à sa sœur qu'il s'adresse dans ces vers pleins d'une mélancolie touchante.   Au début il lui rappelle ces beaux *jours de France* dont le souvenir lui donne tant de regrets.   De strophe en strophe il évoque le passé,—tous les objets familiers qui lui sont si chers.   Le tout se résume dans le cri de l'exilé qui forme le refrain de la première et de la dernière strophe.

Chateaubriand dit, en parlant de cette romance (*Aventures du dernier Abencérage*), "J'en avais composé les paroles pour un air des montagnes d'Auvergne remarquable par sa douceur et sa simplicité."

EXERCICES.

1.   Reproduire en prose le sens de ce poème.
2.   Traiter comme sujet de composition : *Souvenirs d'enfance*.

MADAME DE STAËL (1766–1817)

Germaine Necker, fille d'un riche banquier venu de Genève à Paris, montra dès son enfance une intelligence précoce. A l'âge de vingt-deux ans elle publia un ouvrage sur Jean-Jacques Rousseau. On lui fit épouser le baron de Staël-Holstein, ambassadeur de Suède à Paris.

Sous l'Empire son opposition à la politique de Napoléon lui valut une véritable persécution qu'elle a racontée dans ses *Dix Années d'Exil*. En 1800 elle publia son livre *De la Littérature* dans lequel elle cherche à déterminer les relations entre la littérature et la religion, les mœurs et les lois. Deux ans plus tard parut son premier roman, *Delphine*, et en 1803 elle reçut l'ordre de s'éloigner à quarante lieues de Paris. Elle s'exile d'abord à Coppet et puis voyage en Allemagne. En 1805 elle part pour l'Italie et, à son retour, publie un second roman, *Corinne*, qui exprime ses idées féministes et contient, en outre, des descriptions intéressantes. En 1810, après un second voyage qu'elle fit en Allemagne, paraît son livre *De l'Allemagne*; la police en saisit tous les exemplaires et les met au pilon. En 1811 Mme de Staël se remarie; l'année suivante, elle part pour Vienne et Saint-Pétersbourg, passe en Suède, et de là en Angleterre. Elle y publie son livre *De l'Allemagne* et rentre en France en 1814. Elle reprend à Paris une vie mondaine et fiévreuse et meurt en 1817.

Son style est celui d'une conversation animée. Il est quelquefois trop diffus, mais se signale par des tours heureux et par un enthousiasme soutenu.

LA CONVERSATION[1].

En Orient, quand on n'a rien à se dire, on fume du tabac de rose ensemble, et de temps en temps on se salue les bras croisés sur la poitrine, pour se donner un témoignage d'amitié ; mais dans l'Occident on a voulu se parler tout le jour, et le foyer[2] de l'âme s'est souvent dissipé dans ces entretiens où l'amour-propre est sans cesse en mouvement pour faire effet tout de suite et selon le goût du moment et du cercle où l'on se trouve.

Il me semble reconnu que Paris est la ville du monde où l'esprit et le goût de la conversation sont le plus généralement répandus ; et ce qu'on appelle le mal du pays[3], ce regret indéfinissable de la patrie, qui est indépendant des amis mêmes qu'on y a laissés, s'applique particulièrement à ce plaisir de causer, que les Français ne retrouvent nulle part au même degré que chez eux. Volney[4] raconte que des Français émigrés voulaient, pendant la Révolution, établir une colonie et défricher des terres en Amérique ; mais de temps en temps ils quittaient toutes leurs occupations pour aller, disaient-ils, *causer à la ville* ; et cette ville, la Nouvelle-Orléans[5], était à six cents lieues de leur demeure.

Dans toutes les classes, en France, on sent le besoin de causer ; la parole n'y est pas seulement, comme ailleurs, un moyen de se communiquer ses idées, ses sentiments et ses affaires, mais c'est un instrument dont[6] on aime à jouer, et qui ranime les esprits, comme la musique chez quelques peuples et les liqueurs fortes chez quelques autres.

Le genre de bien-être que fait éprouver une conversation animée ne consiste pas précisément dans le sujet de cette conversation ; les idées ni les connaissances qu'on peut y développer n'en sont pas le principal intérêt : c'est une certaine manière d'agir les uns sur les autres, de se faire plaisir réciproquement et avec rapidité, de parler aussitôt qu'on pense, de jouir à l'instant de soi-même[7], d'être applaudi sans travail, de manifester son esprit dans toutes les nuances par l'accent, le geste, le regard, enfin de produire à volonté comme une sorte d'électricité qui fait jaillir des étincelles, soulage les uns de l'excès même de leur vivacité, et réveille les autres d'une apathie pénible...

Rien ne saurait égaler...le charme d'un récit fait par un Français spirituel et de bon goût. Il prévoit tout, il ménage tout, et cependant il ne sacrifie point ce qui pourrait exciter l'intérêt. Sa physionomie, moins prononcée que celle des Italiens, indique la gaieté, sans rien faire perdre à la dignité du maintien et des manières; il s'arrête quand il le faut, et jamais il n'épuise même l'amusement; il s'anime, et néanmoins il tient toujours en main les rênes de son esprit pour le conduire sûrement et rapidement; bientôt aussi les auditeurs se mêlent de l'entretien; il fait valoir alors à son tour ceux qui viennent d'applaudir; il ne laisse point passer une expression heureuse sans la relever, une plaisanterie piquante sans la sentir, et pour un moment du moins l'on se plaît, et l'on jouit les uns des autres, comme si tout était concorde, union et sympathie dans le monde...

(*De l'Allemagne*, Ire partie, chap. XI.)

NOTES ET QUESTIONS.

1. La Rochefoucauld (1613–1680) avait déjà traité le même sujet dans ses *Réflexions diverses*.

2. **foyer**: au sens figuré; centre actif, siège principal. Quelles sont les autres significations du mot *foyer*?

3. **le mal du pays**: donnez le synonyme. Citez d'autres exemples d'un emploi semblable de *mal*.

4. **Volney (Constantin)**, érudit français, auteur des *Ruines* (1757–1820).

5. **la Nouvelle-Orléans**: dans la Louisiane, sur le Mississippi.

6. **dont**: substituez au mot *dont* un pronom relatif précédé d'une préposition.

7. **jouir à l'instant de soi-même** : tirer agrément de soi-même, être satisfait de ses efforts, éprouver du plaisir en exprimant ses idées et en s'attirant l'approbation de son auditoire. Citez d'autres exemples de l'emploi du verbe *jouir*. Il y en a un autre dans cet extrait même. Citez-le et commentez-le.

EXAMEN DE FOND.

A. La conversation *en Orient* et *dans l'Occident*. En quoi consiste ce contraste? Quel est, selon Mme de Staël, le mobile de ces entretiens qu'aiment tant les Occidentaux?

B. Paris est la ville par excellence où se sont développés *l'esprit et le goût de la conversation*. C'est la conversation que regrettent surtout les exilés français. Rapprocher les remarques que fait Mme de Staël à ce sujet dans *Dix Années d'Exil*; c'est "le séjour de Paris" et la conversation dont elle y jouissait qu'elle regrette incessamment. Quel fait avance-t-elle comme preuve de *ce besoin de causer* chez les Français?

C. Les Français parlent, non seulement pour se communiquer leurs idées, mais pour le plaisir même de causer. Expliquer la métaphore dont se sert Mme de Staël pour illustrer ceci.

D. *Le genre de bien-être que fait éprouver une conversation animée* est indépendant du sujet, des idées. En quoi consiste-t-il? Remarquer la répétition de mots tels que *jouir, plaisir, jouir de soi-même, être applaudi, manifester son esprit* etc. (*Trouvez-en d'autres.*) Quel est le point de vue de Mme de Staël? Qu'est-ce qu'elle regarde comme étant le but de la conversation? Trouvez-vous que son caractère personnel y soit pour quelque chose?

E. *Le charme d'un récit fait par un Français.* Est-ce qu'un *récit* est de la conversation proprement dite?—*Il s'arrête quand il le faut, et jamais il n'épuise même l'amusement*; faites ressortir le rapport qui existe entre ces deux propositions.—A la fin *les auditeurs se mêlent de l'entretien.* Comment les encourage-t-il? Chaque personne y joue-t-elle un rôle également important? Ne peut-on voir ici Mme de Staël elle-même entourée d'une foule d'admirateurs qui l'écoutent? Elle aimait beaucoup à causer, à faire des récits. On raconte que, se promenant un jour en voiture avec quelques amis, elle "fut surprise par un violent orage; les promeneurs, en descendant de voiture, furent très étonnés de voir la terre trempée par la pluie; ils n'avaient ni vu les éclairs, ni entendu le tonnerre: Mme de Staël leur avait raconté une histoire."

Rapprocher ces paroles de La Rochefoucauld: "Ce qui fait que peu de personnes sont agréables dans la conversation, c'est que chacun songe plus à ce qu'il a dessein de dire qu'à ce que les autres disent, et que l'on n'écoute guère quand on a bien envie de parler." Est-ce que Mme de Staël appuie assez sur cette vérité? En quoi son point de vue diffère-t-il de celui de La Rochefoucauld? A quelle cause attribuez-vous cette différence?

Exercices.

1. Traiter comme sujet de composition: *La Conversation.*— Le but de la conversation: l'instruction ou le plaisir?—Pourquoi devrait-on causer: pour se communiquer ses idées, pour "jouir de soi-même," ou pour faire plaisir aux autres?—L'importance de savoir écouter les autres.—La conversation en Occident et en Orient,—laquelle préférez-vous?—Les Français et la conversation. —Les Anglais.

2. Comparer Mme de Staël et La Rochefoucauld: leurs idées sur la conversation.—Le point de vue personnel.—Le point de vue poli, social.—Y en a-t-il un autre?

SUR LA ROUTE DE MOSCOU.

J'approchais davantage de Moscou, et rien n'annonçait une capitale. Les villages de bois n'étaient pas moins distants les uns des autres[1]; on ne voyait pas plus de mouvement sur les vastes plaines qu'on appelle de grands chemins, on n'entendait pas plus de bruit; les maisons de campagne n'étaient pas plus nombreuses[2]: il y a tant d'espace en Russie que tout s'y perd, même les châteaux, même la population[3]. On dirait qu'on traverse un pays dont la nation[4] vient de s'en aller. L'absence d'oiseaux ajoute à ce silence ; les bestiaux aussi sont rares, ou du moins ils sont placés à une grande distance de la route. L'étendue fait tout disparaître, excepté l'étendue même[5], qui poursuit l'imagination, comme de certaines idées métaphysiques[6], dont la pensée ne peut plus se débarrasser quand elle en est une fois saisie.

La veille de mon arrivée à Moscou, je m'arrêtai, le soir d'un jour très chaud, dans une prairie assez agréable ; des paysannes vêtues pittoresquement, selon la coutume du pays, revenaient de leurs travaux en chantant ces airs d'Ukraine[7] dont les paroles vantent l'amour et la liberté avec une sorte de mélancolie qui tient du regret. Je les priai de danser, et elles y consentirent. Je ne connais rien de plus gracieux que ces danses du pays, qui ont toute l'originalité que la nature donne aux beaux arts ; une certaine volupté modeste s'y fait remarquer ; les bayadères[8] de l'Inde doivent avoir quelque chose d'analogue à ce mélange d'indolence et de vivacité, charme de la danse russe. Cette indolence et cette vivacité indiquent la rêverie et la passion, deux éléments des caractères que la civilisation n'a encore ni formés ni domptés[9]. J'étais frappée de la gaieté douce de ces paysannes, comme je l'avais été, dans des nuances différentes, de celle de la plupart des gens du peuple auxquels j'avais eu affaire en Russie...

(*Dix Années d'Exil*, IIe partie, chap. XIII.)

NOTES ET QUESTIONS.

1. **Les villages...des autres** : pourquoi s'attendrait-on à trouver le contraire ? Expliquer *villages de bois*.

2. **les maisons de campagne...nombreuses** : pourquoi s'attendrait-on à les trouver plus nombreuses ?

3. **il y a tant...population** : de quoi cette proposition est-elle l'explication ?

4. **la nation** : que veut dire ici *la nation* ?

5. l'étendue...même : expliquez cette idée.

6. certaines idées métaphysiques : par exemple, "tout ce qui a un commencement doit avoir une cause." Comment expliquer le commencement de cette série causale ? Rapprochez le problème familier : "Lequel a existé le premier, l'oiseau ou l'œuf ? "

7. Ukraine : vaste contrée de la Russie en Europe, arrosée par le Dniéper.

8. bayadères : danseuses des Indes. Par extension, danseuses de théâtre. Les bayadères indiennes ont pour profession de danser devant les pagodes.

9. deux éléments...domptés : exprimez d'une autre façon.

Examen de fond.

Nous avons ici un bon exemple du style descriptif de Mme de Staël. (*Caractérisez-le.*)

A. *L'approche de Moscou.*—"Rien n'annonçait une capitale." A l'appui de cette proposition l'auteur en ajoute quatre autres. (*Citez-les en expliquant leur rapport avec la première.*) Puis elle explique la cause de ce phénomène. (*Qu'est-ce ?*) En poursuivant toujours la même idée, elle la rend plus claire au moyen d'une comparaison (*Laquelle ?*), et en ajoutant quelques détails. (*Lesquels ?*) Elle la résume en disant que "l'étendue fait tout disparaître, excepté l'étendue même," ce qui nous donne une impression très nette de ce vaste pays. Pour nous donner une idée juste de cette impression, elle se sert d'une autre comparaison. (*Citez-la.*)

B. *La danse des paysannes.* C'est une narration simple et claire. Tout de même, Mme de Staël sait donner à ses descriptions un caractère presque poétique.

Ce qui lui plaît tout spécialement dans ces chansons et dans ces danses nationales c'est leur naturel. Il n'y a là rien d'artificiel ; elles expriment des émotions que la civilisation n'a encore ni gâtées ni détruites. (*Citez deux passages qui expriment ces idées.*)

R. 2

EXERCICES.

Traiter comme sujets de composition :

1. *Un paysage russe.*

2. *La Danse.*—Les origines—la danse dans l'antiquité—chez les Hébreux, les Grecs—la danse sauvage, la danse de guerre—la danse rustique, nationale—la danse civilisée—ce que la danse exprime généralement—ce qu'elle peut exprimer—elle est instinctive—les enfants aiment à danser.

ALFRED DE VIGNY (1797-1863)

Alfred de Vigny naquit à Loches en Touraine. Il entra d'abord dans l'armée mais, la carrière militaire ne lui plaisant pas, il donna sa démission. Dès ce moment il se consacra à la littérature en menant une vie chagrine et solitaire.

Il a écrit des romans intéressants : *Cinq-Mars, Stello, Servitude et grandeur militaires, Daphné,* ainsi qu'un drame, *Chatterton,* fondé sur la triste histoire de ce malheureux poète anglais.

Ce sont, pourtant, ses poésies qui constituent la partie la plus importante de son œuvre. Son premier recueil fut *Poèmes antiques et modernes,* et ce ne fut qu'après sa mort que parut un deuxième ouvrage, *Les Destinées,* qui comprend ses plus beaux poèmes : *La Colère de Samson, La Mort du loup, La Bouteille à la mer,* etc.

Vigny est surtout un penseur. Il prêche une philosophie hautaine et pessimiste qui le mène au stoïcisme et à la pitié. Il ne voit pas d'autre consolation pour les maux de la vie. Il souffre de l'isolement de l'homme supérieur qu'on ne comprend pas. Ce qui le consolera c'est un stoïcisme farouche comme celui du *Loup.* Pour exprimer ses idées il se sert de *symboles* bien choisis et saisissants.

LA MORT DU LOUP.

Les nuages couraient sur la lune enflammée
Comme sur l'incendie on voit fuir la fumée[1],
Et les bois étaient noirs jusques à[2] l'horizon,
Nous marchions, sans parler, dans l'humide gazon,
Dans la bruyère épaisse et dans les hautes brandes,
Lorsque, sous des sapins pareils à ceux des Landes[3],
Nous avons aperçu les grands ongles marqués[4]

Par les loups voyageurs que nous avions traqués.

* * * * *

Rien ne bruissait[5] donc, lorsque, baissant la tête,
Le plus vieux des chasseurs qui s'étaient mis en quête
A regardé le sable en s'y couchant[6]; bientôt,
Lui que jamais ici l'on ne vit en défaut,
A déclaré tout bas que ces marques récentes
Annonçaient la démarche et les griffes puissantes
De deux grands loups-cerviers[7] et de deux louveteaux.
Nous avons tous alors préparé nos couteaux,
Et, cachant nos fusils et leurs lueurs trop blanches[8],
Nous allions pas à pas, en écartant les branches.
Trois s'arrêtent, et moi, cherchant ce qu'ils voyaient,
J'aperçois tout à coup deux yeux qui flamboyaient[9],
Et je vois au delà quatre formes légères
Qui dansaient sous la lune au milieu des bruyères,
Comme font chaque jour, à grand bruit sous nos yeux,
Quand le maître revient, les lévriers joyeux[10].
Leur forme était semblable et semblable la danse[11]:
Mais les enfants du loup se jouaient en silence,
Sachant bien qu'à deux pas, ne dormant qu'à demi,
Se couche dans ses murs l'homme leur ennemi.
Le père était debout, et plus loin, contre un arbre,
La louve reposait[12] comme celle de marbre
Qu'adoraient les Romains, et dont les flancs velus
Couvraient les demi-dieux Rémus et Romulus[13].
Le loup vient et s'assied, les deux jambes[14] dressées,
Par leurs ongles crochus dans le sable enfoncées,
Il s'est jugé perdu, puisqu'il était surpris,
Sa retraite coupée et tous ses chemins pris;
Alors il a saisi, dans sa gueule brûlante,
Du chien le plus hardi la gorge pantelante,
Et n'a pas desserré ses mâchoires de fer[15],
Malgré nos coups de feu qui traversaient sa chair,
Et nos couteaux aigus[16] qui, comme des tenailles[17],

Se croisaient en plongeant dans ses larges entrailles,
Jusqu'au dernier moment où le chien étranglé,
Mort longtemps avant lui, sous ses pieds a roulé.
Le loup le quitte alors et puis il nous regarde.
Les couteaux lui restaient au flanc jusqu'à la garde,
Le clouaient au gazon tout baigné dans son sang ;
Nos fusils l'entouraient en sinistre croissant[18].
Il nous regarde encore, ensuite il se recouche,
Tout en léchant le sang répandu sur sa bouche,
Et, sans daigner savoir comment il a péri,
Refermant ses grands yeux, meurt sans jeter un cri[19].

Notes et Questions.

1. **Les nuages...fumée :** comparaison saisissante. Quel mot l'inversion met-elle en relief ? Pourquoi ?

2. **jusques à :** autre forme de *jusqu'à* ; pourquoi le poète l'emploie-t-il ici ? *Jusques*, ancienne forme de *jusque* (Lat. *de usque*) ; de là, *jusques à* pour *jusqu'à*.

3. **Landes :** grandes étendues de terre où ne croissent que des plantes sauvages : bruyères, ajoncs, genêts, etc. : *les landes de Gascogne, de Bretagne.* (Celt. *landa.*) Ici c'est le *département des Landes* (préf. Mont-de-Marsan) dans la Gascogne auquel le poète fait allusion.

4. **les grands ongles marqués :** c.-à-d. les marques des grands ongles. Comment s'appelle cette figure ?

5. **bruissait :** du verbe *bruire* (origine inconnue) dont l'ancien participe présent *bruyant* a été remplacé par *bruissant*. Le mot *bruyant* s'emploie actuellement comme adjectif.

6. **en s'y couchant :** pourquoi s'y couchait-il ?

7. **loups-cerviers :** nom vulgaire du lynx. Lat. *lupus cervarius*, c.-à-d. loup qui attaque les cerfs (Pliny).

8. **leurs lueurs trop blanches :** expliquer.

9. **qui flamboyaient :** remplacer cette phrase par un adjectif.

10. **Comme font...joyeux :** faire disparaître l'inversion. Quels mots met-elle en relief ?

11. **Leur forme...danse :** faire disparaître l'inversion. Cette figure, connue chez les anciens sous le nom de *chiasmus*, se trouve assez souvent en français. Cf. *oratio pugnat, repugnat ratio.*

12. **reposait :** distinguer : *reposer* et *se reposer.*

13. **celle de marbre...Romulus :** expliquer l'allusion. A quoi l'auteur compare-t-il la louve ? Qu'est ce qu'un *demi-dieu* ?

14. **les deux jambes :** lesquelles ?

15. **mâchoires de fer :** expliquer l'épithète.

16. **aigus :** employé dans son sens littéral (Lat. *acutus*),— *terminés en pointe.*

17. **comme des tenailles :** expliquer la comparaison.— Remarquer que les couteaux *se croisaient.*

18. **en sinistre croissant :** exprimer d'une autre façon. Expliquer l'étymologie de *sinistre, croissant.*

19. **Il nous regarde...cri :** le loup est ici le *symbole* de ce stoïcisme farouche, de cette résignation à la fois triste et hautaine que prêche la philosophie du poète. On a donné le nom de *symbolistes* aux poètes qui se servent ainsi de *symboles* pour exprimer leurs idées.

Examen du fond.

Le poème commence par une description. Un groupe de chasseurs traverse les bois au clair de lune. Relevez les détails de cette description.

Soudain les chasseurs rencontrent des empreintes laissées par des loups dans le sable du bois. Quelques instants après, en écartant les branches, ils aperçoivent deux yeux qui brillent, et découvrent ensuite toute cette famille, à la fois féroce et affectueuse, dont les enfants s'amusent à danser au clair de la lune. C'est un tableau saisissant.

Le loup comprend immédiatement qu'il est perdu ; il ne cherche pas même à s'échapper. Néanmoins, il offre une résistance inutile ; il a du courage, il désire une mort honorable. Vaincu à la fin par les chiens et blessé à mort par les couteaux des chasseurs, il se résigne à son sort ; il sait bien qu'il va mourir mais il ne daigne pas examiner ses blessures. En vrai philosophe il se recouche et "meurt sans jeter un cri."

1. Relevez toutes les *inversions* de ce poème en expliquant l'effet qu'elles produisent.

2. Quelles *comparaisons* trouvez-vous dans ce poème? Montrez qu'elles servent à rendre plus claire l'idée du poète.

LE COR.

J'aime le son du cor, le soir, au fond du bois,
Soit qu'il chante les pleurs de la biche aux abois[1],
Ou l'adieu du chasseur que l'écho faible accueille[2]
Et que le vent du nord porte de feuille en feuille.

Que de fois, seul dans l'ombre à minuit demeuré,
J'ai souri de l'entendre, et plus souvent pleuré!
Car je croyais ouïr de ces bruits prophétiques
Qui précédaient la mort des paladins antiques[3].

Ô montagnes d'azur! ô pays adoré!
Rocs de la Frazona, cirque du Marboré[4],
Cascades qui tombez des neiges entraînées[5],
Sources, gaves[6], ruisseaux, torrents des Pyrénées,

Monts gelés et fleuris, trônes des deux saisons[7],
Dont le front est de glace et les pieds de gazons!
C'est là qu'il faut s'asseoir, c'est là qu'il faut entendre
Les airs lointains d'un cor[8] mélancolique et tendre.

Une biche attentive, au lieu de se cacher,
Se suspend immobile au sommet du rocher[9],
Et la cascade unit, dans une chute immense,
Son éternelle plainte au chant de la romance[10].

Âmes des chevaliers, revenez-vous encor[11]?
Est-ce vous qui parlez avec la voix du cor?
Roncevaux! Roncevaux! dans ta sombre vallée
L'ombre du grand Roland n'est donc pas consolée[12]?

*   *   *   *   *

1. **il chante...abois**: quel est le sens du mot *chante* ici ? Est-ce le sens usuel ? Rapprochez du latin : *Arma virumque cano* (Énéide). *Les larmes* : donnez un synonyme ; distinguez les deux mots en ce qui concerne leur usage habituel. *Aux abois* : que veut dire cette expression ? Rapprochez-la du verbe *aboyer* et expliquez le rapport de ces deux mots.

2. **que l'écho faible accueille** : comment l'écho *accueille-t-il* le son du cor ? Expliquez la métaphore.

3. **paladins antiques** : *paladin* (du latin *palatinus*, du palais), seigneur de la suite de Charlemagne. Roland, le héros de Roncevaux et le sujet de ce poème, est le type des paladins. Leurs exploits sont racontés dans les anciennes *Chansons de Geste*.

4. **Ô montagnes...adoré** : le pays des Pyrénées d'où revenait Charlemagne quand Roland, laissé derrière lui avec l'arrière-garde, fut traîtreusement surpris et mourut en héros. *Cirque du Marboré* : un *cirque* est une formation arquée que présentent très fréquemment les montagnes, surtout dans les Pyrénées. Le célèbre *cirque de Gavarnie* (appelé ici *cirque du Marboré*) est entouré des sommets du *massif du Marboré*.

5. **neiges entraînées** : expliquez ce vers. Qu'est-ce qui *entraîne* les neiges ? Comment ces neiges se changent-elles en cascades ?

6. **gaves** : nom qu'on donne aux torrents dans les Pyrénées.

7. **Monts...saisons** : quelle partie de la montagne est toujours *gelée* ? Quelle partie en est *fleurie* ? (Voir le vers suivant.) Expliquez les mots *trônes des deux saisons* en vous appuyant sur l'idée que le poète a énoncée dans les quatre premiers mots du vers. De quelles saisons le poète veut-il parler ici ? Pourquoi *trônes* ?

8. **Les airs lointains d'un cor** : qu'est-ce qui est véritablement lointain ? Est-ce l'*air* ou le *cor* ? Comment s'appelle cette figure ?

9. **Se suspend...rocher** : est-ce que la biche *se suspend* en vérité ? Pourquoi le poète emploie-t-il ce mot ? Quel image évoque-t-il ?

10. **la romance** : morceau de chant sur un sujet tendre et touchant.

11. **encor** : forme permise aux poètes. Pourquoi s'emploie-t-elle ici ?

12. **Roncevaux...consolée** : l'histoire de la mort de Roland est racontée dans la fameuse *Chanson de Roland*, chanson de geste du XIe siècle. (Voir aussi la pièce de théâtre de H. de Bornier, *La Fille de Roland*.) Roland, avec l'arrière-garde de Charlemagne, fut surpris par les Sarrasins (historiquement, c'étaient probablement des Basques) à Roncevaux, vallée des Basses-Pyrénées. Son ami Olivier, plus prudent que lui ("Rollanz est pruz e Oliviers est sages," Roland est preux, mais Olivier est sage. —*Chanson de Roland*), le prie de sonner de son cor d'ivoire afin que Charlemagne l'entendant revienne à leur secours. Plus d'une fois il refuse par fierté. A la fin pourtant, voyant la plupart de ses compagnons tués, il sonne. Charlemagne arrive trop tard. Roland est mort le dernier, se battant héroïquement jusqu'au dernier moment.

EXAMEN DE FOND.

Le poète va raconter l'histoire de Roland. C'est le son du cor qui la lui rappelle ; c'est *le cor* donc qui est à la fois le titre du poème et le sujet des premières strophes. Sa note plaintive et triste s'accorde bien avec le caractère du poète. Mais c'est à Roland qu'il pense déjà ; à ce "paladin antique" dont la mort fut précédée du son de son cor. Le poète s'imagine être dans cette "sombre vallée" de Roncevaux, scène de cette mort héroïque ; il rappelle les beautés de ce "pays adoré," les sommets neigeux, les rochers, les cascades ; il entend le son "mélancolique et tendre" du cor de quelque montagnard lointain ; il voit la biche qui l'écoute, immobile, "au sommet du rocher." Est-ce vraiment le cor d'un montagnard, ou est-ce l'âme du grand Roland revenu, inapaisé, à la scène de sa mort, qui parle ainsi "avec la voix du cor ?"

EXERCICES.

1. Description : Dans les montagnes.
2. Narration : La mort de Roland.

LAMARTINE (1790–1869)

Alphonse de Lamartine appartenait à une vieille famille aristocratique. En 1820, il publia les *Méditations*, écrites sous l'influence d'un amour brisé; l'année suivante, Louis XVIII le nomma secrétaire d'ambassade à Florence. Les *Nouvelles Méditations* parurent en 1823 et les *Harmonies* en 1830, année qui fut aussi celle de sa réception à l'Académie française.

En 1823, Lamartine entra dans la carrière politique comme député de Bergues. Il publia, tout de même, de nouveaux vers: *Jocelyn* (1836), *La Chute d'un ange* (1838), les *Recueillements* (1839). Parmi ses œuvres en prose on peut mentionner le roman *Graziella* (1849).

Lamartine est un poète idéaliste. Il croit au bonheur et à la vertu qu'il ne trouve pas, pourtant, dans la société. C'est dans la nature qu'il obtient sa consolation. La nature lui révèle Dieu et le conduit en sa présence.

Ce genre de lyrisme qui mène de la douleur et du regret jusqu'à la résignation et à l'espérance, convenait bien à la société de 1820 qui se ressentait encore des catastrophes de la veille. Dans la *Préface des Méditations* le poète dit—"Je suis le premier qui ai fait descendre la poésie du Parnasse, et qui ai donné à ce qu'on nommait la Muse, au lieu d'une lyre à sept cordes de convention, les fibres mêmes du cœur de l'homme, touchées et émues par les innombrables frissons de l'âme et de la nature."

L'ISOLEMENT.

Souvent sur la montagne[1], à l'ombre du vieux chêne,
Au coucher du soleil, tristement je m'assieds;
Je promène au hasard mes regards sur la plaine,
Dont le tableau changeant[2] se déroule à mes pieds.

Ici gronde le fleuve aux vagues écumantes;
Il serpente, et s'enfonce en un lointain obscur;
Là, le lac immobile étend ses eaux dormantes
Où l'étoile du soir se lève dans l'azur³.

Au sommet de ces monts⁴ couronnés de bois sombres
Le crépuscule encor jette un dernier rayon⁵;
Et le char vaporeux de la reine des ombres⁶
Monte, et blanchit déjà les bords de l'horizon.

Cependant, s'élançant de la flèche gothique⁷,
Un son religieux se répand dans les airs;
Le voyageur s'arrête, et la cloche rustique
Aux derniers bruits du jour mêle de saints concerts.

Mais à ces doux tableaux mon âme indifférente
N'éprouve devant eux ni charme ni transports;
Je contemple la terre ainsi qu'une âme errante:
Le soleil des vivants n'échauffe plus les morts⁸.

De colline en colline en vain portant ma vue,
Du sud à l'aquilon⁹, de l'aurore¹⁰ au couchant,
Je parcours tous les points de l'immense étendue,
Et je dis: "Nulle part le bonheur ne m'attend."

Que me font ces vallons, ces palais, ces chaumières,
Vains objets dont pour moi le charme est envolé?
Fleuves, rochers, forêts, solitudes si chères,
Un être seul vous manque¹¹ et tout est dépeuplé!

Quand le tour du soleil ou commence ou s'achève¹²,
D'un œil indifférent je le suis dans son cours;
En un ciel sombre ou pur qu'il se couche ou se lève,
Qu'importe le soleil? je n'attends rien des jours.

Quand je pourrais le suivre en sa vaste carrière,
Mes yeux verraient partout le vide et les déserts¹³;
Je ne désire rien de tout ce qu'il éclaire;
Je ne demande rien à l'immense univers.

Mais peut-être au delà des bornes de sa sphère,
Lieux où le vrai soleil éclaire d'autres cieux[14],
Si je pouvais laisser ma dépouille à la terre,
Ce que j'ai tant rêvé paraîtrait à mes yeux[15] !

Là, je m'enivrerais à la source où j'aspire[16] ;
Là, je retrouverais et l'espoir et l'amour,
Et ce bien idéal que toute âme désire,
Et qui n'a pas de nom au terrestre séjour !

Que ne puis-je, porté sur le char de l'Aurore[17],
Vague objet de mes vœux[18], m'élancer jusqu'à toi !
Sur la terre d'exil[19] pourquoi resté-je encore ?
Il n'est rien de commun entre la terre et moi.

Quand la feuille des bois tombe dans la prairie,
Le vent du soir se lève et l'arrache aux vallons ;
Et moi, je suis semblable à la feuille flétrie :
Emportez-moi comme elle, orageux aquilons[20] !

(*Premières Méditations poétiques.*)

NOTES ET QUESTIONS.

1. **la montagne :** la montagne qui domine Milly, où était la maison du père de Lamartine. Ce poème fut composé en 1819.

2. **le tableau changeant :** expliquer cette expression. Comment l'aspect de la plaine changeait-il ?

3. **Là, le lac...l'azur :** que veut dire *eaux dormantes* ? Pourquoi *le lac* suggère-t-il au poète *l'étoile du soir* ? Si les eaux du lac n'avaient pas été *dormantes*, cette transition d'images aurait-elle eu lieu ?

4. **ces monts :** du latin *montem*. Son dérivé *montagne* remplace ordinairement ce mot.

5. **Le crépuscule...rayon :** est-ce vraiment le *crépuscule* qui jette ce dernier rayon ? Exprimer d'une autre façon. Pourquoi le sommet d'une montagne attrape-t-il les derniers rayons du soleil couchant ?

6. **Et le char...ombres :** qu'est-ce que *la reine des ombres* ? Expliquer la métaphore du char vaporeux.

7. **la flèche gothique :** exprimer d'une autre manière.

8. **Le soleil...morts :** comment ce vers explique-t-il les trois vers précédents ? Sous quels rapports le poète ressemble-t-il aux *morts ?*

9. **l'aquilon :** vent du nord violent (Lat. *aquilonem*). Qu'est-ce qu'il représente ici ? Nommer cette figure de rhétorique.

10. **l'aurore :** lumière qui précède le lever du soleil (Lat. *aurora*). Remarquer la correspondance : *sud...aquilon, aurore... couchant.* Nommer cette figure.

11. **un être seul vous manque :** ceci explique la tristesse du poète. Sous quelle influence a-t-il écrit ces méditations ?

12. **Quand...s'achève :** exprimer d'une autre façon.

13. **Mes yeux...déserts :** c.-à-d. tout ce que je verrais aurait à mes yeux un air triste et désert. Pourquoi ?

14. **Mais...cieux :** de quels *lieux* parle le poète ? Qui est-ce qu'il désigne sous le nom *le vrai soleil ?*

15. **Si...yeux :** que veut dire *ma dépouille ?—ce que j'ai tant rêvé ?*

16. **la source où j'aspire :** c.-à-d. Dieu. Cette strophe exprime les aspirations religieuses du poète telles qu'elles se trouvent partout dans ses vers. La recherche de l'idéal le mène à la nature qui, à son tour, le fait remonter à Dieu jusqu'à se perdre en lui.

17. **le char de l'Aurore :** expliquer, et rapprocher de *char vaporeux* dessus.

18. **vague objet de mes vœux :** quel est cet objet ?

19. **la terre d'exil :** expliquer.

20. **aquilons :** employé ici au sens propre.

EXAMEN DE FOND.

Ce poème respire une douce mélancolie et une religiosité tout à fait caractéristiques de la mentalité de son auteur. Il souffre d'un amour brisé et a recours, comme d'habitude, aux consolations de la nature. Mais cette fois elle ne lui dit rien ; l'absence de l'objet de son amour gâte tout et le laisse froid et insensible devant ce magnifique panorama qui se déroule à ses pieds. Cependant, peu à peu, les beautés de la nature le ramènent vers son créateur ;

le bien idéal que toute âme désire n'existe pas sur terre; il désire ardemment *s'enivrer à la source où il aspire*, être emporté comme une feuille sèche et se perdre en Dieu.

Les quatre premières strophes nous offrent une si admirable description de la scène qu'il nous est difficile de croire que le poète reste insensible à sa beauté. C'est ce qu'il nous dit, pourtant, dans les strophes suivantes. Son regard erre en vain de colline en colline à la recherche de la satisfaction que lui apporte ordinairement la contemplation de la nature. *Nulle part le bonheur ne m'attend*, s'écrie-t-il. Puis il nous en raconte la cause. *Un être seul lui manque et tout est dépeuplé*. La terre reste toujours la même, mais pour lui *le charme est envolé*. Enfin il tourne ses yeux vers ces *lieux où le vrai soleil éclaire d'autres cieux*; ce n'est qu'auprès de Dieu qu'il retrouvera l'espoir et l'amour ainsi que *ce bien idéal que toute âme désire*.

EXERCICES.

1. Commentez la versification de ce poème: nombre de syllabes—position de la pause—les strophes—arrangement des rimes—rimes masculines et féminines.

2. Quelles images frappantes, quelles métaphores trouvez-vous dans ce poème? Expliquez-les.

LE PAPILLON.

Naître avec le printemps, mourir avec les roses[1];
Sur l'aile du zéphyr[2] nager[3] dans un ciel pur;
Balancé sur le sein[4] des fleurs à peine écloses,
S'enivrer[5] de parfums, de lumière et d'azur;
Secouant, jeune encor, la poudre[6] de ses ailes,
S'envoler comme un souffle aux voûtes éternelles[7]:
Voilà du papillon le destin enchanté[8].
Il ressemble au désir, qui jamais ne se pose[9],
Et, sans se satisfaire, effleurant toute chose,
Retourne enfin au ciel chercher la volupté.

(*Secondes Méditations poétiques*, IX.)

Notes et Questions.

1. **mourir avec les roses**: mourir quand? Pourquoi le poète préfère-t-il s'exprimer ainsi?

2. Le **zéphyr** est, au propre, le vent d'ouest, mais les poètes ont toujours appelé *zéphyr* ou *zéphire* tout souffle de vent frais et agréable: "Tout vous est aquilon, tout me semble zéphire" (La Fontaine, *Fables*, I. XXII.).

3. **nager**: expliquer la métaphore.

4. **le sein**: qu'est-ce que le *sein* des fleurs?

5. **s'enivrer**: est-ce qu'on peut "*s'enivrer* de parfums, de lumière et d'azur"? Expliquer la métaphore.

6. **la poudre**: quelle est cette poudre?

7. Quelles sont les **voûtes éternelles**? Expliquer la signification de *voûte* et d'*éternelles* sous ce rapport.

8. Pourquoi **le destin** du papillon est-il *enchanté*?

9. Pourquoi le poète dit-il que le **désir** *ne se pose jamais*? Exprimer d'une autre façon.

Examen de fond.

Ici le poète nous donne une description merveilleusement belle de la vie d'un papillon. Au moyen d'une suite d'images, dont chacune vaut bien la peine de l'approfondir, il nous présente à la fois un tableau parfait et une foule de pensées agréables. Puis il rapproche cet insecte du désir humain qui ne se satisfait jamais sur terre, et enfin, il nous indique, comme d'habitude, la seule source du bonheur et du contentement—Dieu.

Exercices.

1. Faites voir, à force d'exemples tirés de ce poème, ce que c'est que *la diction poétique*.

2. Comparez la vie du papillon à celle de l'homme.

HONORÉ DE BALZAC (1799-1850)

Balzac est sans aucun doute le plus puissant romancier du XIXe siècle. De bonne heure, il se consacra à la tâche de peindre la société, surtout la bourgeoisie de son époque. Comme il était excessivement dépensier, et toujours en quête d'argent, il se voua, pour satisfaire ses besoins ainsi que pour contenter sa vaste ambition, à un travail excessif qui abrégea indubitablement sa vie. Son œuvre qui est intitulée la *Comédie humaine* comprend un grand nombre de romans dont les nombreux personnages nous montrent, surtout dans leurs travers et dans leurs vices, les traits caractéristiques des classes *populaires* et *bourgeoises* du temps. Malgré quelques défauts,—un romanesque exagéré, un style prolixe et, de temps en temps, un peu faible,—Balzac restera toujours célèbre par le pouvoir qu'il a de faire *vivre* ses personnages dont les principaux sont dominés par une forte passion comme, par exemple, la jalousie chez la *Cousine Bette*, l'avarice chez le père d'*Eugénie Grandet*.

UN AVARE.

M. Grandet n'achetait jamais ni viande ni pain. Ses fermiers lui apportaient par semaine une provision suffisante de chapons[1], d'œufs, de beurre et de blé de rente[2]. Il possédait un moulin dont le locataire devait, en sus de bail[3], venir chercher une certaine quantité de grains et lui en rapporter le son et la farine. La grande Nanon, son unique servante, quoiqu'elle ne fût plus jeune, boulangeait elle-même tous les samedis le pain de la maison. M. Grandet s'était arrangé avec les maraîchers, ses locataires, pour qu'ils le fournissent de légumes. Quant aux fruits, il en récoltait une telle quantité qu'il en faisait vendre une grande partie au marché. Son bois de chauffage était coupé dans les haies ou pris dans les vieilles *truisses*⁴ à moitié pourries qu'il enlevait au bord de ses champs, et ses fermiers le lui charroyaient⁵ en ville tout débité⁶, le rangeaient par complaisance dans son bûcher et recevaient ses remerciements.

Ses seules dépenses connues était le pain bénit⁷, la toilette de sa femme, celle de sa fille et le paiement de leurs chaises à l'église ; la lumière, les gages de la grande Nanon, l'étamage⁸ de ses casseroles ; l'acquittement des impositions⁹, les réparations de ses bâtiments et les frais de ses exploitations¹⁰. Il avait six cents arpents¹¹ de bois récemment achetés, qu'il faisait surveiller par le garde¹² d'un voisin, auquel il promettait une indemnité. Depuis cette acquisition seulement il mangeait du gibier.

Les manières de cet homme étaient fort simples. Il parlait peu. Généralement il exprimait ses idées par de petites phrases sentencieuses et dites d'une voix douce... D'ailleurs quatre phrases, exactes autant que¹³ des formules algébriques, lui servaient habituellement à embrasser, à résoudre toutes les difficultés de la vie et du commerce : "Je ne sais pas. Je ne puis pas. Je ne veux pas. Nous verrons cela." Il ne disait jamais ni *oui* ni *non*, et n'écrivait point. Lui parlait-on¹⁴, il écoutait froidement, se tenait le menton dans la main droite en appuyant son coude droit sur le revers¹⁵ de la main gauche, et se formait en toute affaire des opinions desquelles il ne revenait point. Il méditait longuement les moindres marchés. Quand, après une savante¹⁶ conversation, son adversaire lui avait livré le secret de ses prétentions en croyant le tenir, il lui répondait : "Je ne puis rien conclure sans avoir consulté ma femme." Sa femme, qu'il avait réduite à un ilotisme¹⁷ complet, était en affaires son paravent¹⁸ le plus commode.

(Eugénie Grandet.)

1. **chapons** : ang. *capons*. Comparer *chat, cat ; chape, cape ; char, car*, etc. Comment expliquez-vous la correspondance qui se trouve entre *c* [k] anglais et *ch* [ʃ] français ? De quel ancien dialecte français la forme anglaise dérive-t-elle ?

2. **blé de rente** : blé qui fait partie du fermage (loyer d'une ferme). De quel verbe le mot *rente* dérive-t-il ? Quelle est donc sa signification littérale ? Le mot a désigné d'abord le revenu d'un domaine exploité ou affermé. Qu'est-ce qu'il veut dire aujourd'hui ?

3. **bail** : contrat par lequel on cède la jouissance d'un bien meuble ou immeuble pour un prix et un temps déterminés. Le mot désigne ici le prix convenu dans ce contrat ; comment se nomme-t-il ? Comment s'appelle la figure ici employée ?

4. **truisses** (ou **têtards**) : arbres taillés de manière à former une touffe au sommet du tronc. Angl. *pollard*. *Têtard* signifie aussi la première forme de la grenouille, du crapaud et de la salamandre.

5. **charroyer** : transporter sur des chariots, des charrettes, des tombereaux, etc. ; synonyme de *charrier*. Faire la liste des mots de la même famille.

6. **débité** : coupé en morceaux. *Débiter* signifie : vendre ; vendre promptement et facilement ; détailler, exploiter le bois, le réduire en planches, etc. ; porter un article au débit d'un compte ; (*fig.*) réciter, déclamer.

7. **le pain bénit** : du pain béni par le prêtre et distribué parmi les assistants à la messe. Ce pain est payé par des paroissiens, chacun à son tour. Le verbe *bénir* a deux participes passés : *béni, bénie* et *bénit, bénite*. Ce dernier ne se dit que pour les choses consacrées par une cérémonie religieuse et ne s'emploie jamais avec un auxiliaire : *pain bénit, eau bénite, l'eau que le prêtre a bénie* (*bénit* est une forme savante ; lat. *benedictus*).

8. **étamage** : action d'*étamer*, c.-à-d. d'appliquer sur un métal oxydable une couche mince d'étain ou d'un autre métal non oxydable. On étame les casseroles en cuivre pour les préserver de l'oxydation. On se sert beaucoup en France de casseroles en cuivre.

9. **l'acquittement des impositions**: le paiement des contributions (impôts payés à l'État).

10. **exploitations**: ses affaires de commerce. On exploite (fait valoir, met en œuvre) des mines, des biens, des bois.

11. **arpents**: ancienne mesure agraire qui valait environ le tiers ou la moitié d'un hectare.

12. **le garde**: c.-à-d. le garde-chasse.

13. **exactes autant que**: aussi exactes que.

14. **Lui parlait-on**: exprimer d'une autre façon.

15. **le revers**: le dos, opposé à la paume; en général le côté d'une chose opposé à celui par lequel on la regarde ou on la présente de préférence. Donner d'autres exemples; expliquer le sens figuré.

16. **savante**: expliquer le sens de ce mot. Faire ressortir son rapport avec le verbe *savoir*. Quel était le résultat de cette *savante conversation*? Laquelle des deux personnes la rendait *savante*?

17. **ilotisme**: condition d'ilote. *Ilote*, nom donné aux serfs de l'État, chez les Spartiates; *fig.* homme réduit au dernier degré d'abjection.

18. **paravent**: expliquer la métaphore.

Analyse Littéraire.

Ce portrait fini se compose d'un grand nombre de détails qui nous font connaître le caractère du père Grandet et qui dépeignent, en outre, la vie des classes bourgeoises en province.

L'auteur nous raconte les divers moyens qu'emploie l'avare pour réduire ses dépenses. (*Citez quelques détails.*) Commentez: "s'était arrangé avec les maraîchers *ses locataires*;—*ses fermiers* le lui charroyaient, le rangeaient *par complaisance*;—et recevaient *ses remerciements*;—auquel il *promettait* une indemnité."

L'avare pratique l'économie même dans les petites actions de la vie.—Sa façon de parler; ses formules habituelles. (*Citez et commentez.*) Pourquoi n'*écrit*-il point?—Son attitude quand il écoute.—"Il méditait longuement les moindres marchés": faites remarquer l'opposition. "Je ne puis rien conclure sans avoir consulté ma femme"; ces paroles étaient-elles bien sincères? Dans quel but le père Grandet disait-il cela? Quel défaut, outre l'avarice, se montre ici?

EXERCICES.

1. Traiter ce sujet: *L'avarice entraîne souvent d'autres défauts.*

2. Faire le portrait d'un prodigue.

MORT DU PÈRE GRANDET.

Enfin arrivèrent les jours d'agonie, pendant lesquels la forte charpente[1] du bonhomme fut aux prises avec la destruction[2]. Il voulut rester assis au coin de son feu, devant la porte de son cabinet. Il attirait à lui et roulait toutes les couvertures que l'on mettait sur lui, et disait à Nanon: "Serre, serre ça, pour qu'on ne me vole pas."

Quand il pouvait ouvrir les yeux, où toute sa vie s'était réfugiée[3], il les tournait aussitôt vers la porte du cabinet où gisaient[4] ses trésors, en disant à sa fille: "Y sont-ils? y sont-ils?" d'un ton de voix qui dénotait une sorte de peur panique.

"Oui, mon père."

"Veille à l'or!...mets de l'or devant moi!"

Eugénie lui étalait des louis sur une table, et il demeurait des heures entières les yeux attachés sur les louis, comme un enfant qui, au moment où il commence à voir, contemple stupidement le même objet; et, comme à un enfant, il lui échappait un sourire pénible[5].

"Ça me réchauffe[6]!" disait-il quelquefois en laissant paraître sur sa figure une expression de béatitude.

Lorsque le curé de la paroisse vint l'administrer[7], ses yeux, morts en apparence depuis quelques heures, se ranimèrent à la vue de la croix, des chandeliers, du bénitier[8] d'argent qu'il regarda fixement, et sa loupe[9] remua pour la dernière fois. Lorsque le prêtre lui approcha des lèvres le crucifix en vermeil pour lui faire baiser l'image du Christ, il fit un épouvantable geste pour le saisir, et ce dernier effort lui coûta la vie. Il appela Eugénie, qu'il ne voyait pas, quoiqu'elle fût agenouillée devant lui et qu'elle baignât de ses larmes une main déjà froide.

"Mon père, bénissez-moi…" demanda-t-elle.

"Aie bien soin de tout! Tu me rendras compte de ça là-bas," dit-il en prouvant par cette dernière parole que le christianisme doit être la religion des avares.

(*Eugénie Grandet.*)

Notes et Questions.

1. **charpente**: quel est le sens ordinaire de ce mot? Que veut-il dire ici? Donnez d'autres mots de la même famille.

2. **aux prises avec la destruction**: exprimez d'une autre façon.

3. **où toute sa vie s'était réfugiée**: c.-à-d. son corps était faible et comme mort, mais ses yeux retenaient encore toute leur vivacité.

4. **gisaient**: *gésir*, verbe défectif (lat. *jacēre*). *Ci-gît*, ici repose, formule ordinaire des épitaphes.

5. **un sourire pénible**: pourquoi ce sourire était-il *pénible* pour le père Grandet? Pourquoi est-il *pénible* pour l'enfant? Faites remarquer la ressemblance qui existe entre l'enfance et la vieillesse. "Les extrêmes se touchent."

6. **Ça me réchauffe**: pourquoi le vieillard avait-il froid?

7. **l'administrer**: administrer les derniers sacrements.

8. **chandeliers…bénitier**: *chandelier*, ustensile pour mettre la chandelle; *bénitier*, récipient à eau bénite.

9. **loupe**: tumeur qui vient sur la peau; angl. *wen*. M. Grandet avait une loupe au bout du nez.

ANALYSE LITTÉRAIRE.

Cette scène de mort complète le portrait du vieil avare. C'est la comédie que nous présente le passage précédent : ici c'est la tragédie. Si la description du père Grandet, de ses habitudes, de sa façon de vivre excite notre mépris, elle nous donne aussi envie de rire. Ses extravagances ont quelque chose de comique. Sa mort, pourtant, est terrible et l'auteur sait bien en faire ressortir toute l'horreur dans sa description. Sa méthode reste toujours la même ; c'est l'ensemble de détails minutieux qui donne l'effet qu'il désire. L'avare lutte, jusqu'à la fin, contre la mort ; il veut toujours veiller sur son trésor. Il roule les couvertures autour de lui de peur d'être volé ; ses regards cherchent incessamment la porte du cabinet où repose son trésor. La vue de quelques pièces d'or le ranime, le réchauffe ; sur le bord du tombeau même il montre une avarice effrayante. Sa passion devient de plus en plus forte, de plus en plus terrible à mesure que la mort approche ; elle offre, dans ses derniers moments, un contraste affreux avec les manifestations de la religion. Elle atteint son comble lorsque le prêtre lui tend le crucifix. Dans ce moment suprême et solennel, l'avare fait un geste horrible. Il a envie d'arracher aux mains du curé ce Christ en vermeil dont la valeur le tente. A la fin, c'est son avarice qui le tue.

EXERCICES.

1. Faire remarquer les *contrastes* dont se sert l'auteur dans cette description.

2. Montrer qu'il y a une gradation dans les détails au moyen desquels l'auteur nous dépeint dans ce passage l'avarice du père Grandet.

ALFRED DE MUSSET (1810–1857)

Alfred de Musset naquit à Paris en 1810. Nourri des idées romantiques il publia, à l'âge de vingt ans, un premier volume de vers, les *Contes d'Espagne et d'Italie*. Il quitta cependant bientôt les Romantiques et ne s'occupa plus que d'étaler dans ses poèmes ses propres émotions, sa vie même. Il est le plus spontané, le plus personnel des poètes français. Au retour d'un voyage en Italie il publia la *Confession d'un enfant du siècle* (1836), sorte de roman autobiographique. Il y explique sa tristesse, sa sensibilité trop vibrante, en l'attribuant à ce *mal du siècle*, funeste héritage de la guerre. A partir de ce moment il montre une amère tristesse et un sombre dédain de la vie. "Rien ne nous rend si grands qu'une grande douleur"... "Les chants désespérés sont les chants les plus beaux, Et j'en sais d'immortels qui sont de purs sanglots." (*Nuit de Mai.*) C'est la note qui résonne constamment dans ses poésies. Ce sont les tortures de la passion et de la douleur qu'il dépeint dans les vers immortels des *Nuits*.

Il mourut jeune, épuisé par ses émotions, par d'atroces souffrances morales et par des excès auxquels son caractère sensible n'avait pas eu la force de résister.

Outre ses poésies, Musset a écrit en prose des *Contes* et *Nouvelles* et des *Comédies* spirituelles.

TRISTESSE (Sonnet).

J'ai perdu ma force et ma vie,
Et mes amis et ma gaîté ;
J'ai perdu jusqu'à la fierté
Qui faisait croire à mon génie.

Quand j'ai connu la Vérité,
J'ai cru que c'était une amie ;
Quand je l'ai comprise et sentie,
J'en étais déjà dégoûté.

Et pourtant elle est éternelle,
Et ceux qui se sont passés d'elle
Ici-bas ont tout ignoré.

Dieu parle, il faut qu'on lui réponde.
Le seul bien qui me reste au monde
Est d'avoir quelquefois pleuré.

(*Poésies nouvelles.*)

Examen de fond.

1. Montrez que le titre exprime bien l'idée générale du poème.

2. Le poète dit qu'il a perdu *sa vie*. Qu'est-ce que cela veut dire ? Qui est-ce qui a cessé de croire au génie du poète ?

3. Expliquez la déception du poète (vers 5–8). De qui ou de quoi était-il vraiment dégoûté ?

4. (Vers 9–11.) Le poète reste toujours honnête et vrai malgré ses souffrances. Quoique la vérité soit désagréable, il ne faut pas l'ignorer. Il ne faut pas que le poète se crée un monde idéal pour y être à son aise. C'est la vérité qu'il cherche.

5. Pourquoi le poète estime-t-il comme un bien d'avoir quelquefois pleuré ? C'est la grandeur de la tristesse que chante ici Musset, comme dans beaucoup de ses poèmes.

Les Mots et le Style.

1. Expliquez *fierté, génie, dégoûté.*

2. Faites remarquer la personnification qui se trouve dans ce poème.

3. Quel est l'effet produit par la répétition du mot *et* et aussi des mots *j'ai perdu* dans le premier quatrain ?

1. Quelle est l'histoire du sonnet dans la littérature française?
Expliquer sa construction.

2. Traiter comme sujet: *La grandeur de la tristesse.*—C'est
elle qui nous rend capables d'apprécier le bonheur.—Elle nous
rend grands; comment?—La prospérité a souvent un mauvais
effet sur les individus,—sur les peuples. Citer des exemples.
"Sweet are the uses of adversity..." (Shakespeare).

LA NUIT DE MAI (FRAGMENT).

LA MUSE AU POÈTE.

Quel que soit le souci que ta jeunesse endure,
Laisse-la s'élargir[1], cette sainte blessure
Que les noirs séraphins t'ont faite au fond du cœur:
Rien ne nous rend si grands qu'une grande douleur.
Mais, pour en être atteint[2], ne crois pas, ô poète,
Que ta voix ici-bas doive rester muette:
Les plus désespérés sont les chants les plus beaux[3],
Et j'en sais d'immortels qui sont de purs sanglots.
Lorsque le pélican[4], lassé d'un long voyage,
Dans les brouillards du soir retourne à ses roseaux,
Ses petits affamés courent sur le rivage
En le voyant au loin s'abattre sur les eaux.
Déjà, croyant saisir et partager leur proie,
Ils courent à leur père avec des cris de joie
En secouant leurs becs sur leurs goîtres[5] hideux.
Lui, gagnant à pas lents une roche élevée,
De son aile pendante abritant sa couvée,
Pêcheur mélancolique, il regarde les cieux.
Le sang coule à longs flots de sa poitrine ouverte[6];
En vain il a des mers fouillé la profondeur[7]:
L'Océan était vide et la plage déserte;
Pour toute nourriture il apporte son cœur.

Sombre et silencieux, étendu sur la pierre,
Partageant à ses fils ses entrailles de père,
Dans son amour sublime il berce sa douleur,
Et, regardant couler sa sanglante mamelle[8],
Sur son festin[9] de mort il s'affaisse et chancelle,
Ivre de volupté, de tendresse et d'horreur.
Mais parfois, au milieu du divin sacrifice,
Fatigué de mourir dans un trop long supplice,
Il craint que ses enfants ne le laissent vivant ;
Alors il se soulève, ouvre son aile au vent,
Et, se frappant le cœur avec un cri sauvage,
Il pousse dans la nuit un si funèbre adieu
Que les oiseaux de mer désertent le rivage,
Et que le voyageur attardé sur la plage,
Sentant passer la mort, se recommande à Dieu.
Poète, c'est ainsi que font les grands poètes.
Ils laissent s'égayer ceux qui vivent un temps ;
Mais les festins humains qu'ils servent à leurs fêtes[10]
Ressemblent la plupart à ceux des pélicans.
Quand ils parlent ainsi d'espérances trompées,
De tristesse et d'oubli, d'amour et de malheur,
Ce n'est pas un concert à dilater le cœur[11].
Leurs déclamations sont comme des épées ;
Elles tracent dans l'air un cercle éblouissant,
Mais il y pend toujours quelque goutte de sang.

(*Poésies nouvelles.*)

Notes et Questions.

1. **Laisse-la s'élargir :** à quel mot le pronom *la* se rapporte-t-il ? Faites disparaître l'inversion.

2. **pour en être atteint :** expliquez cette phrase en faisant disparaître l'inversion.

3. **Les plus…beaux :** faites disparaître l'inversion.

4. **le pélican :** souvent pris pour le symbole de l'amour paternel à cause de la légende selon laquelle il nourrit au besoin

ses enfants de son sang. De là la figure du pélican se voit souvent dans l'architecture ecclésiastique.

5. **goîtres :** le pélican est muni d'une poche, qui s'ouvre entre les deux branches osseuses de sa mandibule inférieure, et dans laquelle il garde les poissons qu'il a pris et qu'il mangera plus tard. Le poète compare cette poche à un goître. Qu'est-ce qu'un *goître* ? Dans quel pays les paysans souffrent-ils beaucoup de cette maladie ?

6. **sa poitrine ouverte :** c'est le pélican qui s'est ouvert la poitrine avec son bec.

7. **En vain...profondeur :** pourquoi le poète n'a-t-il pas écrit : *En vain il a fouillé la profondeur des mers* ?

8. **sa sanglante mamelle :** ces mots s'emploient au figuré ; il y a une comparaison sous-entendue. Expliquez-la.

9. **festin :** repas d'apparat, banquet.

10. **fêtes :** distinguez *festin* et *fête*.

11. **dilater le cœur :** le rendre content, heureux.

Examen de fond.

La note triste qu'on trouve plus ou moins dans toute la poésie de Musset prédomine dans ces vers. Le poète, étant excessivement sensible, est destiné à la souffrance. Mais il ne doit pas, pour cela, se taire ; "les plus désespérés sont les chants les plus beaux." C'est au prix de ses pleurs qu'il enrichit l'humanité de ses pensées, de ses beaux vers. Le festin qu'il présente aux hommes lui coûte son cœur, sa vie même.

Quelles sont les deux images dont se sert le poète pour illustrer ces idées ? Expliquez-les.

Exercices.

1. Racontez, en prose, la légende du pélican.

2. Écrivez quelques lignes pour expliquer les idées d'Alfred de Musset sur la douleur du poète.

MICHELET (1798–1874)

Jules Michelet, fils d'un imprimeur, passa à Paris une jeunesse qui lui laissa "l'impression d'une vie âpre et laborieuse." En sortant du lycée il accepta, en 1816, une place de répétiteur, et cinq ans plus tard passa son doctorat. Après avoir été successivement professeur d'histoire au collège Sainte-Barbe et maître de conférences à l'École normale ainsi que chef de la division historique aux Archives, il prit possession en 1838 de la chaire d'histoire du Collège de France d'où il fut chassé par le coup d'État de 1851.

Ses principales œuvres sont : sa grande *Histoire de France* dont le premier volume parut en 1833, le dernier en 1857 ; son *Histoire de la Révolution française* (1847–1853) ; *L'Oiseau* (1856) ; *L'Insecte* (1857) ; *La Montagne* (1868).

La meilleure partie de son œuvre historique est celle qui traite du moyen âge. Pour Michelet l'histoire était "la résurrection du passé." Grâce à sa vaste érudition unie à sa nature tout à fait poétique, il a réussi admirablement à faire revivre ce moyen âge qu'il connaissait si bien. Il se fait pour ainsi dire le contemporain de Louis XI ou de Jeanne d'Arc.

L'Histoire de la Révolution, pourtant, malgré ses tableaux brillants et son haut mérite littéraire, n'est pas d'une grande valeur historique. L'auteur est trop influencé par sa sympathie passionnée pour la démocratie pour réussir à nous donner une description véridique et impartiale de cette période tempestueuse.

La dernière partie de l'*Histoire de France*, qui a été composée après l'*Histoire de la Révolution*, présente dans un certain degré le même défaut. Dans certaines parties Michelet se laisse aller à ses préférences ardentes ou à ses haines.

Dans ses dernières œuvres où il quitte l'histoire pour traiter la nature avec tout le lyrisme et toute la poésie qui le caractérisaient, ses défauts disparaissent et ses dons d'imagination et de style se font apprécier à leur juste valeur.

SAC DE LIÉGE.

Le duc[1] vint le[2] trouver, et lui dit : "Que ferons-nous de Liége ?" Dure question pour un autre, et où tout cœur d'homme aurait hésité...Louis XI répondit en riant, du ton des Cent Nouvelles[3] : "Mon père avait un grand arbre, près de son hôtel[4], où les corbeaux faisaient leur nid ; ces corbeaux l'ennuyant, il fit ôter les nids, une fois, deux fois ; au bout de l'an, les corbeaux recommençaient toujours. Mon père fit déraciner l'arbre, et depuis il en dormit mieux[5]."

L'horreur, dans cette destruction d'un peuple, c'est que ce ne fut point un carnage d'assaut, une furie de vainqueurs, mais une longue exécution qui dura des mois. Les gens qu'on trouvait dans les maisons étaient gardés, réservés : puis, par ordre et méthodiquement[6], jetés à la Meuse. Trois mois après, on noyait encore !

Même le premier jour, le peu qu'on tua (deux cents personnes peut-être) fut tué à froid[7]. Les pillards, qui égorgèrent aux Mineurs[8] vingt malheureux à genoux qui entendaient la messe, attendirent que le prêtre eût consacré et bu, pour lui arracher le calice.

La ville aussi fut brûlée en grand ordre. Le duc fit commencer à la Saint-Hubert[9], anniversaire de la fondation de Liége. Un chevalier du voisinage fit cette besogne avec des gens du Limbourg[10]. Ceux de Maestricht et d'Huy, en bons voisins, vinrent aider, et se chargèrent de démolir les ponts. Pour la population, il était plus difficile de la détruire ; elle avait fui en grande partie dans les montagnes. Le duc ne laissa à nul autre le plaisir de cette chasse. Il partit le jour des premiers incendies, et il vit en s'éloignant la flamme qui montait...Il courut à Franchimont, brûlant les villages, fouillant les bois. Ces bois sans feuilles, l'hiver, un froid terrible lui livrait[11] sa proie. Le vin gelait, les hommes aussi ; tel y perdit un pied, un autre deux doigts de la main. Si les poursuivants souffrirent à ce point, que penser des fugitifs, des femmes, des enfants?... Comines[12] en vit une, morte de froid, avec son enfant.

(*Histoire de France : Louis XI et Charles le Téméraire.*)

Notes et Questions.

1. **Le duc :** Charles, duc de Bourgogne, dit *le Téméraire* (1433–1477). Louis XI (roi de France de 1461 à 1483) se rendit à Péronne pour y régler ses différends avec Charles le Téméraire, qui, apprenant l'appui donné aux Liégeois révoltés par le roi, retint ce dernier prisonnier et lui imposa un traité humiliant (1468). Louis avait poussé les Liégeois à la révolte en leur promettant sa protection ; maintenant il se joignit à son rival Charles pour attaquer leur ville. " Eh bien ! dit Michelet, cette main déloyale, prise en flagrant délit, il fallait qu'aujourd'hui le monde entier la vît égorger ceux qu'elle poussait, qu'elle déchirât ses propres fleurs de lis qu'arboraient les Liégeois, que Louis XI mît dans la boue le drapeau du roi de France." Les Liégeois vaincus, leur ville prise, le duc demanda à Louis ce qu'il fallait en faire. Le roi traître lui fit la réponse honteuse qu'on a lue.

2. **le :** Louis XI.

3. **Cent Nouvelles :** *Les Cent Nouvelles nouvelles*, collection de contes imités de Boccace, attribués à Louis XI mais en réalité composés par Antoine de la Salle. Expliquer la signification de *roman, nouvelle, conte, histoire.* (Illustrer par des exemples.)

4. **hôtel :** château, maison ; lat. *hospitale.* Illustrer les différents sens du mot. Quel est son doublet?

5. **Mon père...mieux :** qu'est-ce que Louis XI voulut

dire par cette fable? Pouvez-vous citer d'autres exemples de réponses semblables?

6. **par ordre et méthodiquement** : que trouvez-vous à remarquer sur la position de ces adverbes?

7. **à froid** : expliquer.

8. **Mineurs** : couvent des Franciscains ou Mineurs (*Frati Minori*), ordre fondé par François d'Assise (1182–1226).

9. **la Saint-Hubert** : la fête de Saint Hubert, le 3 novembre. Saint Hubert, évêque de Liége, patron des chasseurs, aurait vécu au VIIe siècle. Expliquer *la Saint-Hubert, la Saint-Jean, la Toussaint.*

10. **Limbourg** : ancienne province des Pays-Bas, partagée aujourd'hui entre la Belgique et la Hollande.

11. **livrait** : le verbe s'accorde ici avec le sujet le plus proche. "Ces bois sans feuilles, l'hiver, un froid terrible"—ces trois sujets expriment tous la même idée d'une façon de plus en plus intense. Il y a une sorte de gradation. Rapprocher : "Louis, son fils, l'état, l'Europe est dans vos mains" (Voltaire).

12. **Comines** : Philippe de Comines (ou Commines) chroniqueur, né à Comines, auteur de *Mémoires* sur les règnes de Louis XI et de Charles VIII. Il fut successivement au service de Charles le Téméraire, puis de Louis XI.

EXAMEN DE FOND.

C'est un véritable tableau que nous offre ce passage, un tableau fait à grands coups de pinceau. Non seulement l'auteur nous raconte des faits historiques ; il nous fait voir tout ce qu'il décrit : le sourire hideux du roi machiavélique en train de trahir ceux qu'il avait poussés à la révolte, le massacre lent et calculé des Liégeois, les horreurs de leur fuite, leurs souffrances par ce froid terrible !

Le style de Michelet a tous les caractères du romantisme. Il ressemble parfois à celui du français médiéval qu'il cite de temps en temps. Il est imagé, vivant, poétique ; parfois un peu exagéré, presque incohérent. (*Chercher des exemples.*)

1. Imaginez une autre fable du même genre que celle des corbeaux. Introduisez-la, dans des circonstances convenables, comme réponse à une question.

2. Commentez la trahison de Louis XI et la cruauté de Charles le Téméraire.

LE CORBEAU.

Ce facétieux[1] personnage a, dans la plaisanterie, l'avantage que donne le sérieux, la gravité, la tristesse de l'habit[2]. J'en voyais un tous les jours dans les rues de Nantes, sur la porte d'une allée, qui, en demi-captivité, ne se consolait de son aile rognée qu'en faisant des niches[3] aux chiens. Il laissait passer les roquets[4]; mais quand son œil malicieux avisait[5] un chien de belle taille, digne enfin de son courage, il sautillait par derrière, et par une manœuvre habile, inaperçue, tombait sur lui, donnait (sec et dru)[6] deux piqûres de son fort bec noir; le chien fuyait en criant. Satisfait, paisible et grave, le corbeau se replaçait à son poste[7], et jamais on n'eût pensé[8] que cette figure de croque-mort[9] vînt[10] de prendre un tel passe-temps.

Leur sagesse paraît en mille choses, surtout dans le choix raisonné et réfléchi de la demeure. Ceux que j'observais à Nantes, d'une des collines de l'Erdre[11], passaient le matin sur ma tête[12], repassaient le soir. Ils avaient évidemment maisons de ville et de campagne. Le jour, ils perchaient en observation sur les tours de la cathédrale, éventant[13] les bonnes proies que pouvait offrir la ville. Repus, ils regagnaient les bois, les rochers bien abrités où ils aimaient à passer la nuit. Ce sont gens domiciliés, et non point oiseaux de voyage. Mais la crainte des grands oiseaux de nuit les décide à dormir ensemble vingt ou trente, nombre suffisant pour combattre, s'il y avait lieu. Leur haine et leur objet d'horreur, c'est le hibou ; quand ils le trouvent le jour, ils prennent leur revanche pour ses méfaits de la nuit, ils le huent[14], lui donnent la chasse ; profitant de son embarras, ils le persécutent à mort.

Leur supériorité sensible sur un si grand nombre d'oiseaux doit tenir à leur longue vie et à l'expérience que leur excellente mémoire leur permet de se former. Tout différents de la plupart des animaux où la durée de la vie est proportionnée à la durée de l'enfance, ils sont adultes au bout d'un an, et, dit-on, vivent un siècle.

La grande variété de leur alimentation, qui comprend toute nourriture animale ou végétale, toute proie morte ou vivante, leur donne une grande connaissance des choses et du temps, des récoltes, des chasses. Ils s'intéressent à tout et observent tout. Les anciens qui, bien plus que nous, vivaient dans la nature, trouvaient grandement leur compte[15] à suivre, en cent choses obscures où l'expérience humaine ne donne encore point de lumière, les directions d'un oiseau si prudent, si avisé[16].

(*L'Oiseau.*)

Notes et Questions.

1. **facétieux** : qui fait des *facéties*, de grosses plaisanteries. Pourquoi Michelet qualifie-t-il le corbeau de cette épithète ?

2. **la tristesse de l'habit** : expliquer. Comparer l'anglais *sad-coloured*.

3. **en faisant des niches** : ang. *playing tricks*. Les enfants aiment à faire des niches.

4. **roquet** : petit chien qui aboie après tout le monde. Quel est son sens figuré ?

5. **avisait** : remplacer par des synonymes.

6. **sec et dru** : *sec*, avec vivacité ; *dru*, à coups rapides,

pressés.   Quelle est la fonction ordinaire de ces deux mots, et quelle est leur fonction spéciale dans cette phrase?

7.   **son poste** : distinguer *le poste*, *la poste*.

8.   **eût pensé** : expliquer l'emploi du subjonctif.

9.   **croque-mort** : terme familier désignant celui qui fait métier de transporter les morts au cimetière.   *Croquer*, ang. *crunch*.   Expliquez l'étymologie de *croque-mort*.   Donnez-en la forme plurielle.   Pourquoi Michelet nomme-t-il ainsi le corbeau ?

10.   **vînt** : expliquer l'emploi du subjonctif.

11.   **Erdre** : affluent de la Loire qui se jette dans ce fleuve à Nantes.

12.   **passaient le matin sur ma tête** : c.-à-d. chaque matin ils passaient sur ma tête.   Traduisez en français : They used to pass the morning at home.

13.   **éventer** : flairer les émanations qu'apporte le *vent*. Quels sont les autres sens du mot ?   Donnez-en des exemples. Donnez des mots de la même famille.

14.   **huer** : onomatopée ; *hue* est le cri dont se servent les charretiers pour font avancer leurs chevaux ; *huer*, v. n. crier, en parlant du hibou ; *huer*, v. a. pousser des huées comme signe de désapprobation (*huer un orateur*), poursuivre en criant.

15.   **trouvaient grandement leur compte** : trouvaient précisément ce qu'ils désiraient, ce dont ils avaient besoin.

16.   **avisé** : prudent, circonspect.

LE FOND.

Cette description du corbeau est l'œuvre à la fois d'un observateur scientifique et d'un artiste dans la parole.   L'aspect comique présenté par le corbeau frappe Michelet tout d'abord. Il soutient cette idée de faits observés par lui-même.   C'est ensuite de la sagesse de ces oiseaux qu'il parle en appuyant toujours ses remarques d'exemples qu'il a observés.   Enfin il cherche à expliquer ces qualités en découvrant leur cause.   Il joint à la précision scientifique du savant les agréments de style de l'écrivain et même la sensibilité, l'amour de la nature du poète.

Qu'est-ce qui rend le corbeau *facétieux*? Pourquoi avait-on *rogné* l'aile du corbeau que Michelet observa à Nantes? Comment se consolait-il? Qu'est-ce qu'il y avait de comique dans sa façon d'agir?

Qu'est-ce que Michelet avait observé sur le choix d'une demeure par les corbeaux? Comment explique-t-il ce choix? "Attachés à la famille, l'unique maison serait le nid"; que signifie ce conditionnel? Pourquoi le nid n'est-il pas, cependant, leur seule maison? Montrez que Michelet parle des corbeaux comme de personnes.

Comment explique-t-il la supériorité des corbeaux sur d'autres oiseaux? Qu'est-ce qui prouve que les hommes ont reconnu il y a longtemps cette supériorité?

EXERCICES.

1. Le Corbeau. Caractères physiques. Ce qui lui donne un air comique. Comment ses actions s'accordent avec cette idée. Ses habitudes. Son intelligence. Le corbeau dans l'histoire.

2. Faites, de la même façon, le portrait d'un autre animal. Décrivez quelques-uns de ses habitudes, de ses gestes, etc. que vous avez pu remarquer. Indiquez les conclusions qu'on peut en faire sur l'intelligence de l'animal.

GEORGE SAND (1804–1876)

Aurore Dupin avait passé sa jeunesse au château de Nohant dans le Berry. Elle nous en a laissé un tableau charmant dans l'*Histoire de ma vie*. Elle épousa en 1822 M. Dudevant, mais le mariage ne fut pas heureux et en 1831 elle vint à Paris avec sa fille et se lança dans la carrière littéraire. Elle écrivit son premier roman, *Rose et Blanche*, en collaboration avec Jules Sandeau, au nom de qui elle emprunta le pseudonyme de George Sand. Ses premiers romans furent romantiques et se caractérisèrent par la glorification de la passion et, plus tard, par l'expression de ses propres sentiments, de ses souffrances et de ses transports. A ceux-ci succédèrent des romans philosophiques, socialistes ou humanitaires. En 1846 un véritable chef-d'œuvre, *La Mare au Diable*, inaugurait la période des romans champêtres, parmi lesquels les mieux connus sont *La Petite Fadette*, *François le Champi* et *Les Maîtres sonneurs*. C'est la peinture exacte des mœurs des paysans et de la vie de campagne qui les a rendus si justement célèbres. Dans ces romans elle nous présente avec une vérité frappante les aspects pittoresques de sa province natale.

LE LABOURAGE.

Je marchais sur la lisière d'un champ que les paysans étaient en train de préparer pour la semaille prochaine. L'arène[1] était vaste comme celle du tableau d'Holbein[2]. Le paysage était vaste aussi et encadrait de grandes lignes de verdure, un peu rougie aux approches de l'automne, ce large terrain d'un brun vigoureux, où des pluies récentes avaient laissé, dans quelques sillons, des lignes d'eau que le soleil faisait briller comme de minces filets d'argent. La journée était claire et tiède, et la terre, fraîchement ouverte par le tranchant des charrues, exhalait une vapeur légère. Dans le haut du champ un vieillard, dont le dos large et la figure sévère rappelaient celui d'Holbein, mais dont les vêtements n'annonçaient pas la misère, poussait gravement son *areau*[3] de forme antique, traîné par deux bœufs tranquilles, à la robe d'un jaune pâle, véritables patriarches de la prairie, hauts de taille, un peu maigres, les cornes longues et rabattues, de ces vieux travailleurs qu'une longue habitude a rendus *frères*, comme on les appelle dans nos campagnes, et qui, privés l'un de l'autre, se refusent au travail avec un nouveau compagnon et se laissent mourir de chagrin. Les gens qui ne connaissent pas la campagne taxent de fable l'amitié du bœuf pour son camarade d'attelage. Qu'ils viennent voir au fond de l'étable un pauvre animal maigre, exténué, battant de sa queue inquiète ses flancs décharnés, soufflant avec effroi et dédain sur la nourriture qu'on lui présente, les yeux toujours tournés vers la porte, en grattant du pied la place vide à ses côtés, flairant les jougs et les chaînes que son compagnon a portés, et l'appelant sans cesse avec de déplorables mugissements. Le bouvier dira : "C'est une paire de bœufs perdue, son frère est mort, et celui-là ne travaillera plus. Il faudrait pouvoir l'engraisser pour l'abattre ; mais il ne veut pas manger, et bientôt il sera mort de faim."

Le vieux laboureur travaillait lentement, en silence, sans efforts inutiles. Son docile attelage ne se pressait pas plus que lui ; mais grâce à la continuité d'un labeur[4] sans distraction et d'une dépense de forces éprouvées et soutenues, son sillon était aussi vite creusé que celui de son fils, qui menait, à quelque distance, quatre bœufs moins robustes, dans une veine de terres plus fortes et plus pierreuses.

Mais ce qui attira ensuite mon attention était véritablement un beau spectacle, un noble sujet pour un peintre.

A l'autre extrémité de la plaine labourable, un jeune homme de bonne mine conduisait un attelage magnifique : quatre paires de jeunes animaux à robe sombre mêlée de noir fauve à reflets de feu, avec ces têtes courtes et frisées qui sentent encore le taureau sauvage, ces gros yeux farouches, ces mouvements brusques, ce travail nerveux et saccadé qui s'irrite encore du joug et de l'aiguillon et n'obéit qu'en frémissant de colère à la domination nouvellement imposée. C'est ce qu'on appelle des bœufs *fraîchement liés.* L'homme qui les gouvernait avait à défricher un coin naguère abandonné au pâturage et rempli de souches séculaires, travail d'athlète auquel suffisaient à peine son énergie, sa jeunesse et ses huit animaux quasi indomptés.

Un enfant de six à sept ans, beau comme un ange, et les épaules couvertes, sur sa blouse, d'une peau d'agneau qui le faisait ressembler au petit Saint Jean-Baptiste des peintres de la Renaissance[5], marchait dans le sillon parallèle à la charrue et piquait le flanc des bœufs avec une gaule longue et légère, armée d'un aiguillon peu acéré. Les fiers animaux frémissaient sous la petite main de l'enfant, et faisaient grincer les jougs et les courroies liés à leur front, en imprimant au timon de violentes secousses. Lorsqu'une racine arrêtait le soc, le laboureur criait d'une voix puissante, appelant chaque bête par son nom, mais plutôt pour calmer que pour exciter ; car les bœufs, irrités par cette brusque résistance, bondissaient, creusaient la terre de leurs larges pieds fourchus, et se seraient jetés de côté emportant l'areau à travers champs, si, de la voix et de l'aiguillon, le jeune homme n'eût maintenu les quatre premiers, tandis que l'enfant gouvernait les quatre autres. Il criait aussi, le pauvret[6], d'une voix qu'il voulait rendre terrible et qui restait douce comme sa figure angélique. Tout cela était beau de force ou de grâce : le paysage, l'homme, l'enfant, les taureaux sous le joug ; et, malgré cette lutte puissante, où la terre était vaincue, il y avait un sentiment de douceur et de calme profond qui planait sur toutes choses. Quand l'obstacle était surmonté et que l'attelage reprenait sa marche égale et solennelle, le laboureur, dont la feinte violence n'était qu'un exercice de vigueur et une dépense d'activité, reprenait tout à coup la sérénité des âmes simples et jetait un regard de contentement paternel sur son enfant, qui se retournait pour lui sourire. Puis la voix mâle de ce jeune père de famille entonnait le chant solennel et mélancolique que l'antique tradition du pays transmet, non à tous les laboureurs indistinctement, mais aux plus consommés dans l'art d'exciter et de soutenir l'ardeur des bœufs de travail. Ce chant, dont l'origine fut peut-être considérée comme sacrée, et auquel de mystérieuses influences ont dû être attribuées jadis, est réputé encore aujourd'hui posséder la vertu d'entretenir le courage de ces animaux, d'apaiser leurs mécontentements et de charmer l'ennui de leur longue besogne. Il ne suffit pas de savoir bien les conduire en traçant un sillon rectiligne, de leur alléger la peine en soulevant ou enfonçant à point[7] le fer dans la terre: on n'est point un parfait laboureur si on ne sait chanter aux bœufs, et c'est là une science à part qui exige un goût et des moyens[8] particuliers.

(*La Mare au Diable.*)

NOTES ET QUESTIONS.

1. **arène**: quel est le sens ordinaire de ce mot? Expliquer son étymologie. Comment l'auteur l'emploie-t-il ici?

2. **Holbein**: Hans Holbein, peintre, né à Augsbourg en 1497, mourut en Angleterre en 1543; portraitiste de grande valeur, auteur de la fameuse *Danse Macabre* peinte à fresque sur les murs d'un des cimetières de Bâle. C'est à ce tableau que l'auteur fait allusion.

3. **areau**: terme provincial pour *charrue*. Comparer le vieux français *arere* (lat. *aratrum*). Le mot *charrue* vient du latin *carruca* (cf. *carrus*).

4. **labeur:** distinguer *labeur, labour, travail.*

5. **Renaissance:** rénovation littéraire, artistique et scientifique qui se produisit en Europe au XVe et au XVIe siècle.

6. **pauvret:** pauvre petit; diminutif de *pauvre.*

7. **à point:** à propos, au besoin.

8. **moyens:** facultés naturelles.

ANALYSE.

Cet extrait illustre bien l'amour de la campagne et la connaissance intime des mœurs paysannes qui caractérisent l'œuvre de George Sand.

Il se divise en cinq parties: (1) le paysage, (2) le vieux laboureur, (3) dissertation sur les bœufs *frères*, (4) le jeune laboureur et son enfant, (5) dissertation sur le chant traditionnel du laboureur.

Le paysage : La description montre une observation minutieuse et sympathique. Enumérez les détails qui le prouvent. Distinguez *l'arène* et *le paysage.*

Le vieillard : On a dit que George Sand idéalise un peu les paysans, ce qui est sans doute vrai. "Néanmoins, dit M. Doumic, l'idée qu'elle nous en donne n'est point fausse. George Sand connaissait bien l'âme paysanne..." Quelle est l'impression que produisent les quelques mots avec lesquels elle décrit ce vieillard? —"deux bœufs *tranquilles*...le vieux laboureur travaillait lentement, en silence, sans efforts inutiles. Son docile attelage ne se pressait pas plus que lui": quelle épithète choisiriez-vous pour caractériser cette scène? Faites ressortir le contraste que fait avec elle la description qui suit (le travail du jeune homme et de son enfant). Comment le vieillard se montre-t-il un laboureur expérimenté?—"son *areau* de forme antique": expliquez le rapport entre le mot *areau* et la phrase "de forme antique." Est-ce que *charrue de forme antique* aurait le même effet?

Les bœufs frères : Cette interpolation—ainsi que les remarques sur le chant plus bas—nous montre la connaissance intime que possède l'auteur des coutumes de sa province natale. Elle est d'un intérêt pathétique qui s'accorde bien avec la beauté de ce tableau paisible et sympathique. Elle nous rend encore plus intéressante la description de ces pauvres bêtes si patientes et si fidèles.

Le jeune paysan et son enfant : Montrez que ce tableau forme un contraste frappant avec celui qui précède. Relevez-en les détails : les animaux, le travail, le paysan etc. Faites voir qu'ils expriment tous la même idée. Comment la caractériseriez-vous ? L'amour de la campagne, l'amour du foyer, ce sont les deux traits caractéristiques de l'auteur. Comment celui-ci se montre-t-il dans ce passage ? Faites remarquer les détails qui, à votre idée, montrent le mieux l'observation de l'auteur et qui contribuent le plus à rendre la description claire et vivante. " Tout cela était beau de force ou de grâce " : expliquez. " Malgré cette lutte puissante...il y avait un sentiment de douceur et de calme profond..." : quels détails l'auteur ajoute-t-il pour amplifier et illustrer cette idée ?

La dernière impression que vous laisse ce beau tableau est celle du " chant solennel et mélancolique " entonné par " la voix mâle de ce jeune père de famille."

Exercices.

1. Faire ressortir le contraste—et en même temps la similarité—entre le jeune paysan et son enfant.

2. Traiter comme sujet de composition : *Les qualités caractéristiques de George Sand comme écrivain.*

THÉOPHILE GAUTIER (1811–1872)

Théophile Gautier naquit à Tarbes; il vint de bonne heure à Paris où il fit d'abord de la peinture mais se dévoua bientôt à la littérature et au journalisme. Il se lia avec les romantiques et publia en 1830 un recueil de poésies qui ne se distinguaient que par une certaine sûreté dans la facture, mais trois ans plus tard son *Albertus*, dans lequel il se montre romantique assez exagéré, révéla son génie de poète. La même année il critiqua ses amis dans *Les Jeune France* et désormais il réagit contre la subjectivité des romantiques,—la sentimentalité de Lamartine, la mélancolie égoïste de Musset, les prétentions philosophiques de Hugo. Il pratique le premier la théorie de *l'art pour l'art*; il décrit ce qu'il voit; il fait des tableaux exquis. "Je suis, dit-il, un homme pour qui le monde extérieur existe"; son art est un art objectif où la forme est plus importante que l'idée.

Ses poésies les plus belles se trouvent dans le recueil publié en 1852 sous le titre significatif d'*Émaux et Camées*. Ses principaux ouvrages sont: en prose, *Les Jeune France* (1833), *Mademoiselle de Maupin* (1835), *Tra-los-Montes* (1843), *Les Grotesques* (1844), *Nouvelles* (1845), *Italia* (1853), *Constantinople* (1855), *Voyage en Russie* (1863), *Le Capitaine Fracasse* (1863), *Paris pendant le siège* (1871); et en vers, *La Comédie de la mort* (1838), *Poésies complètes* (1845), *Émaux et Camées* (1852).

LES VIEUX DE LA VIEILLE.[1]

15 DÉCEMBRE.

Par l'ennui chassé de ma chambre,
J'errais le long du boulevard[2]:
Il faisait un temps de décembre,
Vent froid, fine pluie et brouillard;

Et là je vis, spectacle étrange,
Échappés du sombre séjour[3],
Sous la bruine et dans la fange,
Passer des spectres en plein jour...

La chose vaut qu'on la regarde:
Trois fantômes de vieux grognards[4],
En uniforme de l'ex-garde,
Avec deux ombres[5] de hussards!

Ce n'étaient pas les morts qu'éveille
Le son du nocturne tambour[6],
Mais bien quelques *vieux de la vieille*
Qui célébraient le grand retour[7].

Depuis la suprême bataille[8],
L'un a maigri, l'autre a grossi;
L'habit, jadis fait à leur taille,
Est trop grand ou trop rétréci.

Nobles lambeaux, défroque épique,
Saints haillons qu'étoile une croix,
Dans leur ridicule héroïque[9]
Plus beaux que des manteaux de rois!

Ne les raillez pas, camarade;
Saluez plutôt chapeau bas
Ces Achilles d'une Iliade[10]
Qu'Homère n'inventerait pas!

Respectez leur tête chenue[11]!
Sur leur front, par vingt cieux bronzé,
La cicatrice continue
Le sillon que l'âge a creusé.

Leur peau, bizarrement noircie,
Dit[12] l'Égypte aux soleils brûlants,
Et les neiges de la Russie
Poudrent encor leurs cheveux blancs.

Si leurs mains tremblent, c'est sans doute
Du froid de la Bérésina ;
Et s'ils boitent, c'est que la route
Est longue du Caire à Wilna[13] ;

S'ils sont perclus, c'est qu'à la guerre
Les drapeaux étaient leurs seuls draps ;
Et si leur manche ne va guère,
C'est qu'un boulet a pris leur bras.

Quand on oublie, ils se souviennent !
Lancier rouge et grenadier bleu,
Au pied de la Colonne[14] ils viennent
Comme à l'autel de leur seul dieu :

Là, fiers de leur longue souffrance,
Reconnaissants des maux subis,
Ils sentent le cœur de la France
Battre sous leurs pauvres habits.

Aussi les pleurs trempent le rire
En voyant ce saint carnaval,
Cette mascarade d'empire,
Passer comme un matin de bal[15] ;

Et l'aigle de la grande armée,
Dans le ciel, qu'emplit son essor,
Du fond d'une gloire enflammée,
Étend sur eux ses ailes d'or !

(*Émaux et Camées.*)

Notes et Questions.

1. **la vieille** : *les vieux de la vieille* veut dire les *vieux* soldats de la *vieille* garde,—les survivants des armées de Napoléon.

2. **boulevard** : les boulevards de Paris sont de larges voies plantées d'arbres où se trouvent les principaux magasins, théâtres, restaurants etc. Origine germanique : *bollwerk*, fortification. Les

boulevards de Paris étaient autrefois la ligne de fortifications qui entourait la ville.

3. **sombre séjour**: le séjour des morts. Gautier s'imagine voir des revenants.

4. **grognards**: soldats de la vieille garde sous le premier Empire; vieux soldats en général. Grogner, murmurer entre les dents.

5. **ombres**: quel est le sens propre de ce mot? Expliquez son sens figuré dans ce vers.

6. **nocturne tambour**: allusion à des tableaux de l'époque qui représentaient le *réveil* des soldats morts de la Grande Armée.

7. **le grand retour**: le retour à Paris des restes de Napoléon, 15 décembre 1840.

8. **la suprême bataille**: quelle est cette dernière bataille?

9. **ridicule héroïque**: exemple frappant d'*alliance de mots* —rapprochement imprévu de mots formant une expression remarquable, d'un contraste saisissant. Trouvez-en d'autres dans ce poème et commentez-les.

10. **Achille...Iliade**: expliquez.

11. **chenue**: blanchie par la vieillesse.

12. **dit**: parle de, indique.

13. **la route...du Caire à Wilna**: les campagnes, les marches innombrables faites par les soldats depuis l'occupation du Caire (1798) jusqu'au combat entre les Français sous Ney et les Russes à Wilna suivi du passage du Niémen (décembre 1812). **Bérésina**: expliquez l'allusion.

14. **Colonne**: la Colonne de la Grande Armée s'élève au milieu de la place Vendôme à Paris. Elle a 44 mètres de haut et elle est revêtue du bronze de 1200 canons pris à l'ennemi en 1805. Elle fut élevée par Napoléon.

15. **matin de bal**: retour des danseurs costumés à la fin d'un bal masqué.

Examen de fond.

L'auteur se promène sur le boulevard. C'est l'anniversaire du retour des cendres de Napoléon déposées à l'Hôtel des Invalides le 15 décembre 1840. Il rencontre de vieux grognards qui se rendent, comme ils ont coutume de le faire ce jour-là, vers la colonne de la place Vendôme pour y rendre hommage à la mémoire de leur ancien général. C'est pour eux un pèlerinage pieux. Ils ont mis, pour célébrer cette fête solennelle, le vieil uniforme des guerres de l'Empereur. Courbés par l'âge et accablés par les infirmités, ils ont plutôt l'air de spectres que d'hommes vivants. Sous leur aspect presque comique, pourtant, ils ont quelque chose de fier, ils présentent un spectacle émouvant. A leur vue le poète s'émotionne ; il est saisi d'admiration pour ces héros ; il rappelle leurs fameux exploits, leur dévouement, leur courage, leur amour de la patrie.

C'est à Napoléon qu'ils vont rendre hommage. Il est "leur seul dieu" ; la colonne qui commémore ses victoires est comme son "autel." Ils sont fiers des services qu'ils lui ont rendus, à lui et à la France, car c'est la France qui partage, avec leur cher Empereur, leur amour et leur dévouement. "Quand on oublie, ils se souviennent !" Leur patriotisme impose le respect et l'admiration.

Explication détaillée. Comment le poète décrit-il le temps qu'il faisait ? Montrer qu'il s'accorde bien avec le sujet du poème (strophe 2).—Les grognards avaient l'air de spectres : le poète en parle comme de véritables spectres ; "des spectres *en plein jour*" : expliquer l'opposition.—*fantômes, ombres* : pourquoi les vieux soldats suggèrent-ils ces termes ?—Les strophes 1 à 3 nous donnent la description de ce que voyait l'auteur, un tableau saisissant. La strophe 4 en donne l'explication. L'auteur explique alors l'état actuel de ces vieux soldats, leur air de fantômes ; il est ému par la mémoire de leurs exploits ; c'est cela qui les rend nobles sous cet air grotesque. Avec quoi compare-t-il l'histoire de leurs campagnes ?—Ils lui rappellent cette histoire ; "par vingt cieux bronzé"—expliquer.—*front bronzé, la cicatrice, peau noircie* : qu'est-ce que tout cela indique ?—Commenter *l'Égypte,…les neiges de la Russie,…le Caire,… Wilna.* Leurs infirmités, leur vieillesse, leur air faible et grotesque, ne sont que les marques d'une carrière glorieuse (illustrer ceci).—"Quand on oublie, ils se souviennent" : comment leurs actions le prouvent-elles ?—Par quelle figure Gautier exprime-t-il leur vénération pour l'Empereur ?

—Expliquer: "Reconnaissants des maux subis."—Ce n'est pas
seulement l'adoration que leur avait inspirée l'Empereur qui les
rend si "fiers de leur longue souffrance." Montrer que l'amour
de la patrie y est pour quelque chose (strophe 13). Ce qui rend
ce tableau tout spécialement intéressant, c'est le contraste frappant
qu'il offre. Lequel? (strophe 14). Qu'est-ce qu'il y a dans ce
passage qui nous invite à rire? Pourquoi *les pleurs trempent-ils
le rire?*—Remarquer la beauté de la dernière strophe. Pour ces
vieillards la colonne Vendôme rappelle les glorieuses journées du
passé; ils ont consacré les meilleures années de leur vie à la guerre,
au service de l'Empereur, de la France. Pour eux la grande
armée c'est la France elle-même. Cette mémoire glorieuse emplit
tout leur horizon. Expliquer: "l'aigle de la grande armée."

NOËL[1].

Le ciel est noir, la terre est blanche;
— Cloches, carillonnez gaîment! —
Jésus est né. La Vierge penche
Sur lui son visage charmant.

Pas de courtines[2] festonnées
Pour préserver l'enfant du froid;
Rien que les toiles d'araignées
Qui pendent des poutres du toit.

Il tremble sur la paille fraîche,
Ce cher petit enfant Jésus,
Et pour l'échauffer dans sa crêche
L'âne et le bœuf soufflent dessus.

La neige au chaume coud ses franges,
Mais sur le toit s'ouvre le ciel,
Et, tout en blanc, le chœur des anges
Chante aux bergers: "Noël! Noël[3]!"

(Émaux et Camées.)

Notes.

1. **Noël**: la fête de la Nativité du Christ (du lat. *natalis*). Le mot survit encore, à côté du mot *Christmas*, dans plusieurs chants anglais (*carols*).

2. **courtines**: rideaux de lit; anglais *curtains*. (Lat. *cortina*.)

3. **Noël! Noël!** Le cri *Noël!* signifie *le Christ est né*.

Analyse.

Ce petit poème, d'une beauté simple et directe, est un exemple typique des *Émaux et Camées* de Gautier. C'est un tableau fini, sur lequel les divers objets sont dépeints avec un soin minutieux, avec une habileté merveilleuse. En le lisant on croit regarder une peinture de quelque grand peintre du moyen âge.

Pour obtenir l'effet voulu le poète se sert beaucoup du contraste; par exemple: "*Le ciel* est noir, la terre est blanche." Citez-en d'autres.—"Cloches, carillonnez gaîment!"; ce vers, ainsi que celui qui précède, nous donne le sentiment de la fête chrétienne de Noël.—Le poète appuie sur la simplicité, la pauvreté qui marquent cette scène (citez des exemples) pour introduire, dans les trois derniers vers, un contraste des plus frappants.— L'auteur évoque la sympathie des animaux pour ce pauvre petit enfant Jésus; c'est un trait naïf et beau. Les bêtes le reconnaissent instinctivement comme le divin Créateur (strophe 3). —"La neige au chaume coud ses franges": expliquez. Même la nature inanimée cherche à rendre honneur à l'enfant Seigneur; la neige orne le toit de son humble demeure.

GUSTAVE FLAUBERT (1821–1880)

Gustave Flaubert naquit à Rouen. Pendant sa jeunesse le romantisme déclinait et le réalisme commençait à le remplacer dans la littérature. Flaubert, cependant, est à la fois romantique et réaliste : il n'appartient à aucune école. Comme Gautier, il se rattache au romantisme en ce qu'il cultive l'art pour l'art même. Il se préoccupe surtout de la forme, du style. Dans ses lettres il nous dit qu'il mit cinq jours à faire telle page, huit heures à retoucher telle phrase. Il restera toujours célèbre comme un grand écrivain au sens technique du mot. Son style réalise la perfection.

Son œuvre se compose d'un petit nombre de romans. C'est surtout le réaliste qui se montre dans *Madame Bovary* (1857) et dans l'*Éducation sentimentale*, tandis que *Salammbô* (1862), dont le cadre est formé par la Carthage des guerres puniques, est plutôt du genre romantique. Il s'y étale, pourtant, une exactitude documentaire qui rattache encore cet ouvrage au réalisme. *La Tentation de Saint Antoine* (1874) est du genre romantique. Outre ses romans, il a laissé *Trois Contes* (*Un Cœur simple, La Légende de Saint Julien l'Hospitalier,* et *Hérodias*).

LE COMICE AGRICOLE[1].

Le pré commençait à se remplir, et les ménagères[2] vous heurtaient avec leurs grands parapluies, leurs paniers et leurs bambins[3]. Souvent il fallait se déranger devant une longue file de campagnardes, servantes en bas bleus, à souliers plats, à bagues d'argent, et qui sentaient le lait, quand on passait près d'elles. Elles marchaient en se tenant par la main, et se répandaient ainsi sur toute la longueur de la prairie, depuis la ligne des trembles jusqu'à la tente du banquet. Mais c'était le moment de l'examen[4], et les cultivateurs, les uns après les autres, entraient dans une manière d'hippodrome que formait une longue corde portée sur des bâtons.

Les bêtes étaient là, le nez tourné vers la ficelle, et alignant confusément leurs croupes inégales. Des porcs assoupis enfonçaient en terre leur groin; des veaux beuglaient; des brebis bêlaient; les vaches, un jarret replié, étalaient leur ventre sur le gazon, et, ruminant lentement, clignaient leurs paupières lourdes, sous les moucherons qui bourdonnaient autour d'elles. Des charretiers, les bras nus, retenaient par le licou des étalons cabrés, qui hennissaient à pleins naseaux du côté des juments. Elles restaient paisibles, allongeant la tête et la crinière pendante, tandis que leurs poulains se reposaient à leur ombre, ou venaient les têter quelquefois; et, sur la longue ondulation de tous ces corps tassés[5], on voyait se lever au vent, comme un flot, quelque crinière blanche, ou bien saillir des cornes aiguës, et des têtes d'hommes qui couraient. A l'écart, en dehors des lices[6], cent pas plus loin, il y avait un grand taureau noir muselé, portant un cercle de fer à la narine, et qui ne bougeait pas plus qu'une bête de bronze. Un enfant en haillons le tenait par une corde.

Cependant, entre les deux rangées, des messieurs s'avançaient d'un pas lourd, examinant chaque animal, puis se consultaient à voix basse. L'un d'eux, qui semblait plus considérable, prenait, tout en marchant, quelques notes sur un album[7]. C'était le président du jury[8].

(Madame Bovary.)

NOTES ET QUESTIONS.

1. **Comice agricole**: réunion formée par les propriétaires et les fermiers d'un arrondissement, pour améliorer leurs procédés agricoles. Angl. *Agricultural Show*.

2. **ménagères**: *ménagère*, femme qui a soin du ménage; angl. *housewife*. Donner les mots de la même famille.

3. **bambin**: (fam.) petit enfant. Ital. *bambino*.

4. **le moment de l'examen**: le moment où les juges examinaient les bêtes pour décerner les prix.

5. **la longue ondulation de tous ces corps tassés**: toutes ces bêtes, de grandeurs diverses, rangées ainsi en ligne, présentaient un contour ondulant.

6. **lices**: nom donné d'abord aux palissades de bois dont on entourait les places ou châteaux fortifiés, puis au terrain lui-même ainsi entouré, et qui servait aux joutes, aux tournois, enfin à tout champ clos préparé pour des exercices en plein air. Ici, angl. *enclosure*. Que veut dire *entrer en lice*?

7. **album**: prononcer *albom* [albɔm]; angl. *album*, du latin *albus*, blanc. Ici le mot s'emploie pour *carnet*.

8. **jury**: mot anglais qui vient à son tour du français *juré*. Le *jury* consiste d'un certain nombre de *jurés*. Ici *jury* veut dire, en anglais, *the judging committee*.

ANALYSE.

Cette description soigneusement détaillée et scrupuleusement exacte est tout à fait caractéristique de la méthode de Flaubert. L'exactitude n'est pas, pourtant, son seul mérite; c'est une description d'artiste. Les détails ne sont ni choisis au hasard ni entassés pêle-mêle. Le tout forme un tableau, une *peinture* exacte et saisissante. Nous croyons, en lisant ce passage, avoir devant les yeux cette scène familière et pittoresque. En sus des descriptions presque photographiques des paysans, des animaux etc., il y a de petits traits qui passeraient inaperçus pour tout autre qu'un artiste. L'auteur a soin de les relever, car il reconnaît tout ce qu'ils ont de pittoresque. (*Citer des exemples.*)

Les paysans: les ménagères, les servantes; leur costume, leur manière de se promener. Description minutieuse ("qui sentaient le lait quand on passait près d'elles"). Les paysans qui entrent dans l'enclos. Les *trembles*, la *tente du banquet* qui entrent, par parenthèse, dans la description.

Les bêtes: les bêtes alignées; les gestes caractéristiques de chaque espèce; détail des étalons; contraste qu'offrent les juments paisibles tout occupées de leurs poulains. Le contour formé par

les dos des bêtes alignées ; le détail minutieux de la *crinière* qui
se lève comme un flot, des *cornes aiguës*, des *têtes d'hommes
courants*.   Enfin l'opposition frappante du taureau et de l'enfant
en haillons.

Le jury : description exacte ; le pas lourd, l'examen de chaque
animal, la consultation à voix basse.   Le président prend des notes.

EXERCICES.

1. Trouver et commenter des exemples de l'emploi du
contraste ou de l'*opposition*. dans ce passage.

2. Faire la description d'un animal quelconque ;—ses habitudes, ses gestes habituels, son aspect etc.

LE FESTIN.

Ensuite les tables furent couvertes de viandes : antilopes
avec leurs cornes, paons avec leurs plumes, moutons entiers
cuits au vin doux, gigots de chamelles[1] et de buffles[2],
hérissons au garum[3], cigales frites et loirs[4] confits.   Dans
des gamelles en bois de Tamrapanni[5] flottaient, au milieu du
safran, de grands morceaux de graisse.   Tout débordait de
saumure[6], de truffes et d'assa fœtida[7].   Les pyramides de
fruits s'éboulaient sur les gâteaux de miel, et l'on n'avait
pas oublié quelques-uns de ces petits chiens à gros ventre
et à soies[8] roses que l'on engraissait avec du marc[9] d'olives,
mets carthaginois en abomination aux autres peuples.   La
surprise des nourritures nouvelles excitait la cupidité des
estomacs.   Les Gaulois, aux longs cheveux retroussés sur
le sommet de la tête, s'arrachaient les pastèques[10] et les
limons[11] qu'ils croquaient avec l'écorce.   Des nègres n'ayant
jamais vu de langoustes[12] se déchiraient le visage à leurs
piquants rouges.   Mais les Grecs rasés, plus blancs que
des marbres, jetaient derrière eux les épluchures[13] de leur
assiette, tandis que des pâtres du Brutium[14], vêtus de peaux
de loups, dévoraient silencieusement, le visage dans leur
portion...

Des flammes oblongues tremblaient sur les cuirasses d'airain. Toutes sortes de scintillements jaillissaient des plats incrustés de pierres précieuses. Les cratères, à bordure de miroirs convexes, multipliaient l'image élargie des choses ; les soldats se pressant autour s'y regardaient avec ébahissement et grimaçaient pour se faire rire. Ils se lançaient, par-dessus les tables, les escabeaux d'ivoire et les spatules[15] d'or. Ils avalaient à pleine gorge tous les vins grecs qui sont dans des outres, les vins de Campanie[16] enfermés dans des amphores, les vins des Cantabres[17] que l'on apporte dans des tonneaux, et les vins de jujubier[18], de cinnamome et de lotus. Il y en avait des flaques par terre où l'on glissait. La fumée des viandes montait dans les feuillages avec la vapeur des haleines. On entendait à la fois le claquement des mâchoires, le bruit des paroles, des chansons, des coupes, le fracas des vases campaniens qui s'écroulaient en mille morceaux, ou le son limpide d'un grand plat d'argent.

(*Salammbô*.)

NOTES.

1. **chamelle**: femelle du chameau.

2. **buffle**: angl. *buffalo*.

3. **garum**: (antiq.) eau de poissons salés et aromatisés que les Romains employaient comme assaisonnement.

4. **loir**: angl. *dormouse*.

5. **Tamrapanni**: pour *Tampraparni* qui signifie *Ceylan*.

6. **saumure**: eau saturée de sel.

7. **assa fœtida**: résine d'une odeur fétide produite par certaines plantes.

8. **soies**: se dit ordinairement en parlant du porc, du sanglier etc. Ce mot s'emploie aussi (comme ici) pour le *poil* (angl. *hair*) de certaines espèces de chiens.

9. **marc**: résidu des fruits qu'on a pressés pour en extraire le jus ; angl. *dregs, grounds*.

10. **pastèques**: angl. *water-melons*.

11. **limon**: sorte de citron qui a beaucoup de jus. La *limonade* est faite de limons ou de citrons.

12. **langouste**: angl. *spiny lobster*. L'espèce plus commune s'appelle *homard* (angl. *lobster*).

13. **épluchure**: ordure qu'on enlève en *épluchant*. *Éplucher*: enlever ce qu'il y a de gâté, de mauvais : *éplucher la salade*.

14. **Brutium** (prononcer *bru-si-om* [brysjɔm]) : partie de la Grande-Grèce, dans l'ancienne Italie, aujourd'hui *Calabre ultérieure*.

15. **spatule**: lat. *spatula* (diminutif du mot *spatha* qui a donné le mot français *épée*). Les *spatules* tenaient lieu de cuillers.

16. **Campanie**: province de l'Italie méridionale.

17. **Cantabres**: peuple de l'ancienne Espagne, au sud du golfe de Gascogne, soumis par les Romains l'an 25 av. J.-C.

18. **jujubier**: angl. *jujube-tree*.

ANALYSE.

Nous trouvons dans ce passage le même luxe de détails que dans celui qui le précède ; seulement, ici l'auteur ne cherche pas autant à plaire par le choix de traits pittoresques (*il y en a pourtant ; lesquels ?*) qu'à étaler une foule de termes techniques, à faire valoir ses connaissances profondes et exactes. (*Citer des exemples.*) Il montre en outre son penchant pour les faits étonnants, pour les situations bizarres (*illustrer*). Il est romantique par son culte du grotesque, de l'extraordinaire ; il est réaliste par l'exactitude des détails qu'il introduit dans sa description.

Flaubert a mis un soin extraordinaire à la préparation de ce roman archéologique dans lequel "il applique, dit-il, à l'antiquité les procédés du roman moderne."

EXERCICES.

1. Description d'un bivouac la nuit. Grand feu—soldats assis autour—sautillement des flammes—reflets jetés sur le feuillage des arbres—les soldats mangent leur soupe—la fumée qui monte en l'air—les chevaux à l'écart, mis au piquet etc.—les chants, les rires des soldats etc.

2. Description d'une table dressée pour le dîner.

VICTOR HUGO (1802-1885)

Victor Hugo est un des plus féconds comme un des plus célèbres des écrivains français. Il est à la fois poète, dramaturge, romancier. Sa vaste œuvre, d'une variété vraiment remarquable, montre un génie tout exceptionnel. Déjà à l'âge de quinze ans il envoie des vers à l'Académie française ; il a plus de quatre-vingts ans quand il écrit *Les Quatre Vents de l'esprit*, un de ses purs chefs-d'œuvre.

En 1823 il publie ses *Odes*, en 1826 des *Ballades*. De bonne heure il se met à la tête des romantiques et la *Préface* de son *Cromwell* (1827) qui expose leurs théories a été considérée comme le manifeste de la jeune école dramatique. La première représentation de son drame *Hernani* (25 février 1830) est restée célèbre sous le nom de *Bataille d'Hernani*. Classiques et romantiques se disputèrent le succès vers par vers. L'avantage resta à la jeune école. Un recueil de poèmes, les *Orientales*, paraît en 1829, et en 1831 Hugo publie son célèbre roman *Notre Dame de Paris*. De 1831 à 1840 il donne ses quatre plus beaux volumes de vers : *Feuilles d'automne, Chants du crépuscule, Voix intérieures, Les Rayons et les Ombres*.

En 1845 Louis-Philippe le nomme pair de France. A cette époque il commence son deuxième roman, *Les Misérables*, et son recueil de pièces intitulé *Contemplations*. En 1851 il est proscrit à cause de son opposition au coup d'État. Il se rend à Jersey, plus tard à Guernesey. Il publie ensuite les *Châtiments* (1853), les *Contemplations* (1856), la première série de la *Légende des siècles* (1859), *Les Misérables* (1862). Il rentre à Paris en 1870, et écrit *L'Année terrible, L'Art d'être grand-père* et les deux dernières séries de la *Légende des siècles* (1877–1883). Il est élu député et puis sénateur inamovible. Parmi ses derniers ouvrages

nous avons déjà cité *Les Quatre Vents de l'esprit*. Il meurt en
1885 et son pays reconnaissant lui fait des funérailles nationales.

De ses drames nous avons déjà mentionné *Cromwell* et
Hernani. Il écrivit en outre *Marion Delorme*, *Le Roi s'amuse*,
Ruy-Blas, *Les Burgraves*.

L'EXPIATION[1].

Il neigeait[2]. On était vaincu par sa conquête[3],
Pour la première fois l'aigle[4] baissait la tête.
Sombres jours ! l'empereur revenait lentement,
Laissant derrière lui brûler Moscou[5] fumant.
Il neigeait. L'âpre hiver fondait en avalanche,
Après la plaine blanche, une autre plaine blanche[6].
On ne connaissait plus les chefs ni le drapeau.
Hier la grande armée, et maintenant troupeau[7].
On ne distinguait plus les ailes ni le centre.
Il neigeait. Les blessés s'abritaient dans le ventre[8]
Des chevaux morts ; au seuil[9] des bivouacs désolés
On voyait des clairons à leur poste gelés,
Restés debout, en selle et muets, blancs de givre,
Collant leur bouche en pierre aux trompettes de cuivre.
Boulets, mitraille, obus, mêlés aux flocons blancs,
Pleuvaient ; les grenadiers, surpris d'être tremblants[10],
Marchaient pensifs, la glace à leur moustache grise.
Il neigeait, il neigeait toujours ! La froide bise
Sifflait ; sur le verglas[11], dans des lieux inconnus,
On n'avait pas de pain et l'on allait pieds nus.
Ce n'étaient[12] plus des cœurs vivants, des gens de guerre ;
C'était[12] un rêve errant dans la brume, un mystère,
Une procession d'ombres[13] sur le ciel noir.
La solitude, vaste, épouvantable à voir,
Partout apparaissait, muette vengeresse.
Le ciel faisait sans bruit, avec la neige épaisse,
Pour cette immense armée un immense[14] linceul ;
Et, chacun se sentant mourir, on était seul[15].

— Sortira-t-on jamais de ce funeste empire[16]?
Deux ennemis! le Czar, le Nord.   Le Nord est pire.
On jetait les canons pour brûler les affûts.
Qui se couchait, mourait.   Groupe morne et confus,
Ils fuyaient; le désert dévorait le cortège.
On pouvait, à des plis qui soulevaient la neige[17],
Voir que des régiments s'étaient endormis là.
Ô chutes d'Annibal!   Lendemains d'Attila[18]!
Fuyards, blessés, mourants, caissons, brancards, civières,
On s'écrasait aux ponts pour passer les rivières:
On s'endormait dix mille, on se réveillait cent.
Ney, que suivait naguère une armée, à présent
S'évadait, disputant sa montre à trois cosaques.
Toutes les nuits, qui vive! alerte! assauts! attaques!
Ces fantômes prenaient leurs fusils, et sur eux
Ils voyaient se ruer, effrayants, ténébreux,
Avec des cris pareils aux voix des vautours chauves,
D'horribles escadrons, tourbillons d'hommes fauves[19].
Toute une armée ainsi dans la nuit se perdait.
L'Empereur était là, debout, qui regardait.
Il était comme un arbre en proie à la cognée[20]:
Sur ce géant, grandeur jusqu'alors épargnée,
Le malheur, bûcheron sinistre était monté;
Et lui, chêne vivant par la hache insulté,
Tressaillant sous le spectre aux lugubres revanches[21],
Il regardait tomber autour de lui ses branches.
Chefs, soldats, tous mouraient.   Chacun avait son tour.
Tandis qu'environnant sa tente avec amour,
Voyant son ombre aller et venir sur la toile,
Ceux qui restaient, croyant toujours à son étoile[22],
Accusaient le destin de lèse-majesté[23],
Lui se sentit soudain dans l'âme épouvanté.
Stupéfait du désastre et ne sachant que croire,
L'empereur se tourna vers Dieu; l'homme de gloire

Trembla ; Napoléon comprit qu'il expiait
Quelque chose peut-être, et, livide, inquiet,
Devant ses légions sur la neige semées :
"Est-ce le châtiment, dit-il, Dieu des armées ? "
Alors il s'entendit appeler par son nom,
Et quelqu'un qui parlait dans l'ombre lui dit : "Non."

(*Les Châtiments.*)

Notes et Questions.

Les Châtiments, satire lyrique, un peu gâtée par l'abus des *personnalités*, parurent d'abord à Bruxelles, puis à Jersey en 1853. Le poète y montre souvent une force et une éloquence remarquables.　Le passage que nous venons de lire nous présente un tableau frappant de la terrible retraite de Russie, 1812.

　　1.　**L'Expiation :** expliquer ce titre.　A qui se rapporte-t-il ? Quel crime expie-t-il ?　Le poète décrit ensuite la bataille de Waterloo : c'est l'expiation finale.

　　2.　**Il neigeait :** le poète répète cinq fois cette phrase ; pourquoi ?　Quel effet désire-t-il produire par cette répétition ?

　　3.　**On était vaincu par sa conquête :** expliquer.　Comparer : "Conqueror and captive of the earth art thou" (Byron, *The Field of Waterloo*).　Illustrer la différence entre *conquérir* et *vaincre*.

　　4.　**l'aigle :** que représente *l'aigle* ?　Expliquer.　Comparer le latin *aquila*.　Dans quelles circonstances le mot *aigle* est-il masculin ?

　　5.　**Moscou fumant :** expliquer cette allusion historique.

　　6.　**Après la plaine blanche, une autre plaine blanche :** répétition intentionnée.　Expliquer et comparer avec l'exemple cité dessus (No. 2).

　　7.　**Hier la grande armée, et maintenant troupeau :** antithèse frappante.　Expliquer.　Qu'est-ce que c'était que *la grande armée* ?　Faire disparaître l'ellipse.

　　8.　**dans le ventre :** c.-à-d. derrière les chevaux morts.　Les blessés se pressaient contre le ventre des chevaux morts pour se réchauffer et pour s'abriter contre la neige et le froid.

9. **au seuil**: quel est le sens propre de ce mot ? Comment s'emploie-t-il ici ?

10. **tremblants**: les grenadiers de Napoléon étaient célèbres par leur courage indomptable. Pourquoi, donc, étaient-ils "surpris d'être tremblants" ? De quoi tremblaient-ils ?

11. **verglas**: couche de glace mince et glissante qui couvre quelquefois le sol, les rochers.

12. **Ce n'étaient plus…c'était**: c.-à-d. cela ne ressemblait plus à…cela ressemblait à…

13. **ombres**: dans quel sens ce mot s'emploie-t-il ici ? Quel est son sens ordinaire ?

14. **immense**: répétition voulue ; quel est son effet ?

15. **mourir…seul**: quel rapport y a-t-il entre ces deux mots ? Comment l'idée de la mort se présente-t-elle sous une forme plus terrible à cause de cette juxtaposition ?

16. **ce funeste empire**: lequel ?

17. **qui soulevaient la neige**: expliquer.

18. **Ô chutes d'Annibal !** c.-à-d. dignes d'Annibal, ressemblant à celles d'Annibal. Traduire de même manière *Lendemains d'Attila*. Expliquer l'allusion. (Voir le dictionnaire.)

19. **hommes fauves**: *fauve* : couleur qui tire sur le roux : *le pelage du lion est fauve*. De là, *bêtes fauves* : quadrupèdes qui vivent à l'état sauvage dans les bois. Par extension, *fauve* veut dire *féroce comme une bête sauvage*.

20. **Il était comme un arbre en proie à la cognée** : expliquer cette similitude.

21. **aux lugubres revanches**: ce vers est obscur ; *le spectre* est *le malheur*. Le poète l'appelle *le spectre aux lugubres revanches ; le malheur* vient, comme Némésis, se venger des crimes, punir les méchants. Qui est ici l'objet de sa vengeance, et pourquoi ?

22. **son étoile**: sa destinée heureuse et triomphante. Expliquer cet emploi du mot. Distinguer *destinée* et *destin* (vers suivant).

23. **lèse-majesté**: attentat à la majesté souveraine. Expliquer ce vers. Qu'est-ce qu'il nous dit sur la façon dont les soldats estimaient Napoléon ?

ANALYSE.

Ce poème nous offre un exemple frappant de cette puissance d'imagination qui est un des traits les plus remarquables de l'œuvre de Victor Hugo. Au moyen d'une série de tableaux il nous fait *voir* cette retraite terrible. Le *rythme* majestueux de ses vers prête à cette description une dignité et une grandeur merveilleuses.

Le paysage : peinture véridique des vastes plaines de neige. Répétition des mots *il neigeait ;* la neige, impitoyable, ne cesse pas de tomber. Les plis qui se trouvent dans cet immense tapis blanc marquent les endroits où des régiments entiers restent ensevelis (v. 34).

La Grande Armée : la marche désordonnée. Les blessés qui s'abritent derrière les chevaux morts. Les clairons gelés à leur poste (remarquer les expressions énergiques : *collant, en pierre*). Les grenadiers ; leur état désespéré (*donner des détails*). Les expressions imagées : *un rêve errant, une procession d'ombres* (*commenter*). La personnification de la solitude (v. 24). Trouver d'autres exemples. La similitude du linceul (*commenter*). *Le Nord est pire* (v. 30) ; c'est le froid qui est le véritable ennemi ; il est plus funeste que les armées russes. La foule qui cherche à traverser les ponts (vv. 37–38). En deux lignes le poète nous fait l'idée d'une confusion terrible. *Ces fantômes* (v. 43) ; qui est-ce qui ressemblaient à des fantômes, et pourquoi ?

L'empereur : un portrait triste. Après tant de victoires éclatantes il se voit enfin vaincu. Ses généraux, ses soldats, *tous mouraient* autour de lui. Cependant, ceux qui restent lui témoignent leur amour, leur foi inébranlable. L'empereur ne peut pas avoir tort ; c'est le destin qui commet le crime de lèse-majesté. Mais lui, pour la première fois, il doute de lui-même, de sa destinée. Il est stupéfait du désastre. La conscience lui parle ; c'est peut-être une expiation. Il se tourne vers Dieu. *Est-ce le châtiment, dit-il, Dieu des armées ?* Une voix qui parle *dans l'ombre* lui dit : " Non ! " Il lui reste encore—Waterloo.

Exercices.

1. Description : La retraite de Russie.

2. Commenter *les expressions imagées* et *les personnifications* qui se trouvent dans ce passage.

3. La versification : commenter les *pauses*, les *rejets* (*enjambements*), en donnant des exemples.

LE CARILLONNEUR DE NOTRE-DAME.

On ne saurait se faire une idée de sa joie, les jours de grande volée[1]. Au moment où l'archidiacre l'avait lâché et lui avait dit :—Allez,—il montait la vis du clocher plus vite qu'un autre ne l'eût descendue[2]. Il entrait tout essoufflé dans la chambre aérienne[3] de la grosse cloche ; il la considérait un moment avec recueillement[4] et amour ; puis il lui adressait doucement la parole ; il la flattait de la main, comme un bon cheval qui va faire une longue course. Il la plaignait de la peine qu'elle allait avoir. Après ces premières caresses, il criait à ses aides, placés à l'étage inférieur de la tour, de commencer. Ceux-ci se pendaient aux câbles, le cabestan[5] criait, et l'énorme capsule[6] de métal s'ébranlait lentement. Quasimodo[7], palpitant, la suivait du regard. Le premier choc du battant et de la paroi d'airain faisait frissonner la charpente sur laquelle il était monté. Quasimodo vibrait avec la cloche. Vah ! criait-il avec un éclat de rire insensé. Cependant le mouvement du bourdon s'accélérait et à mesure qu'il parcourait un angle plus ouvert, l'œil de Quasimodo s'ouvrait aussi de plus en plus phosphorique et flamboyant. Enfin la grande volée commençait ; toute la tour tremblait ; charpentes, plombs, pierres de taille, tout grondait à la fois, depuis les pilotis de la fondation jusqu'au trèfle du couronnement. Quasimodo alors bouillait à grosse écume[8] ; il allait, venait ; il tremblait avec la tour de la tête aux

pieds. La cloche déchaînée et furieuse présentait alterna-
tivement aux deux parois de la tour sa gueule de bronze[9],
d'où s'échappait ce souffle de tempête qu'on entend à quatre
lieues. Quasimodo se plaçait devant cette gueule ouverte ;
il s'accroupissait, se relevait avec les retours de la cloche,
aspirant ce souffle renversant[10], regardait tour à tour la
place profonde qui fourmillait à deux cents pieds au-
dessous de lui, et l'énorme langue de cuivre qui venait de
seconde en seconde lui hurler dans l'oreille. C'était la
seule parole qu'il entendît, le seul son qui troublât pour lui
le silence universel[11]. Il s'y dilatait comme un oiseau au
soleil. Tout à coup la frénésie de la cloche le gagnait ;
son regard devenait extraordinaire ; il attendait le bourdon
au passage, comme l'araignée attend la mouche, et se jetait
brusquement sur lui à corps perdu[12]. Alors, suspendu sur
l'abîme, lancé dans le balancement formidable de la cloche,
il saisissait le monstre d'airain aux oreillettes[13], l'étreignait
de ses deux genoux, l'éperonnait de ses deux talons, et
redoublait de tout le choc et de tout le poids de son corps
la furie de la volée. Cependant la tour vacillait ; lui, criait
et grinçait des dents, ses cheveux roux se hérissaient, sa
poitrine faisait le bruit d'un soufflet de forge, son œil jetait
des flammes, la cloche monstrueuse hennissait toute hale-
tante sous lui ; et alors ce n'était plus[14] ni le bourdon de
Notre-Dame, ni Quasimodo : c'était un rêve, un tourbillon,
une tempête ; le vertige à cheval sur le bruit[15] ; un esprit
cramponné à une croupe volante[16] ; un étrange centaure[17]
moitié homme, moitié cloche ; une espèce d'Astolphe[18]
horrible, emporté sur un prodigieux hippogriffe[19] de bronze
vivant.

(Notre-Dame de Paris.)

NOTES ET QUESTIONS.

1. **les jours de grande volée :** les jours où les cloches
sonnaient à toute volée.

2. **ne l'eût descendue:** expliquer cet emploi de *ne*. Remplacer *eût* par une autre forme du verbe *avoir*.

3. **chambre aérienne:** expliquer l'épithète.

4. **recueillement:** action de réfléchir, de détourner son esprit des pensées terrestres pour se livrer à de pieuses méditations.

5. **cabestan:** employé ici, hors de son sens ordinaire, pour la poutre à laquelle la cloche est suspendue et qui tourne avec elle.

6. **capsule:** sens figuré. Une capsule est une coiffe métallique recouvrant le bouchon et le goulot d'une bouteille; elle ressemble par sa forme à une cloche. Quelles sont les autres significations de *capsule*?

7. **Quasimodo:** on avait ainsi nommé le nain parce qu'on l'avait trouvé le premier dimanche après Pâques, *le dimanche de la Quasimodo*. Les mots latins *quasi modo* commencent l'introït de la messe de ce jour.

8. **bouillait à grosse écume:** expliquer cette figure.

9. **La cloche déchaînée...gueule de bronze:** cette personnification de la cloche s'accorde bien avec la façon dont Quasimodo la regardait. Expliquer les épithètes *déchaînée*, *furieuse*.

10. **renversant:** littéralement, *qui renverse, qui fait tomber à la renverse*; familièrement, qui produit un étonnement capable de faire tomber à la renverse.

11. **le silence universel:** Quasimodo était sourd pour tout autre son que celui des cloches.

12. **à corps perdu:** sans réflexion, éperdument.

13. **oreillettes:** petites oreilles: de petits manches en forme d'oreilles de chaque côté de la cloche.

14. **ce n'était plus:** cela ne ressemblait plus à...; *c'était un rêve...:* cela ressemblait à un rêve...

15. **le vertige à cheval sur le bruit:** expliquer cette expression imagée.

16. **une croupe volante:** la croupe d'un cheval volant. Comment s'appelle cette figure?

17. **un étrange centaure:** l'épithète *étrange* est expliquée par les mots qui suivent. Qu'est-ce qu'étaient les centaures?

18. **Astolphe:** prince légendaire d'Angleterre, l'un des plus célèbres paladins du poème d'Arioste (*Orlando furioso*: Roland furieux). Une fée lui avait donné un cor "dont le son était si perçant et si terrible à soutenir qu'il n'était être vivant qui pût l'entendre." Expliquer cette comparaison.

19. **hippogriffe:** animal fabuleux, ailé, moitié cheval, moitié griffon, qui figure fréquemment dans les romans de chevalerie.

EXPLICATION.

Les frappants contrastes que présente le personnage du nain Quasimodo, sa difformité physique des plus repoussantes unie à la plus grande délicatesse de sentiments, composent un type dont la conception est chère à Victor Hugo. Dans la préface de son *Cromwell*, où il explique les principes essentiels du romantisme, il fait grand cas de l'emploi du grotesque, de l'horrible. Ce passage nous en fournit un bon exemple. L'auteur se laisse aller à son amour des situations étonnantes, des émotions extravagantes, des tableaux vastes et terrifiants.

L'émotion du nain se montre dans une sorte de *crescendo* qui va du recueillement jusqu'au vertige. (*Donner des détails.*) La diction de l'auteur suit une gradation pareille; son langage devient de plus en plus frappant, ses images de plus en plus osées. (*Citer des exemples.*) Entassées les unes sur les autres, elles produisent à la fin un effet prodigieux. En lisant nous sentons nous-mêmes le vertige.

EXERCICES.

1. Commenter les personnifications qui se trouvent dans ce passage. Quel est l'effet que l'auteur cherche à produire par leur emploi? Montrer que la personnification de la cloche met le lecteur au point de vue de Quasimodo lui-même.

2. Expliquer et commenter les expressions imagées de cette description.

LEXIQUE

DES MOTS LES MOINS USITÉS

abaisser, to lower
abattre, to cut down, knock down, slaughter (animals); *s'abattre*, to fall, descend
aux **abois**, *m.* at bay
aboyer, to bark
abréger, to shorten, abridge
abriter, to shelter
accabler, to overwhelm, crush
s'**accorder**, to agree
s'**accroupir**, to crouch
accueillir, to welcome, receive
acéré, sharp, keen
acheter, to buy
s'**achever**, to come to an end
acquérir, to acquire
affaiblir, to weaken; *s'affaiblir*, to grow weaker
s'**affaisser**, to sink down, collapse
affamé, hungry, famished
affreux, frightful
un **affût**, gun-carriage
s'**agenouiller**, to kneel
l'**agrément**, *m.* pleasure, amusement; charm, ornament
un **aigle**, eagle; *une aigle*, eagle (standard)
aigu, -ë, sharp
un **aiguillon**, goad
une **aile**, wing, flank (of an army)
l'**airain**, *m.* brass
un **ajonc**, furze, gorse
ajouter, to add
alléger, to lighten, ease
une **ambassade**, embassy
l'**âme**, *f.* soul
amener, to bring, bring about
amer, bitter
l'**amour-propre**, *m.* self-respect, self-esteem
un **ange**, angel
un **anneau**, ring
aplatir, to flatten
une **apparence**, appearance

appartenir, to belong
appliquer, to apply
apporter, to bring
approfondir, to examine thoroughly, search, fathom
l'**appui**, *m.* support; *à l'appui de*, in support of
appuyer, to lean; *appuyer sur*, insist upon, emphasize
âpre, sharp, fierce, rough
l'**âpreté**, *f.* sharpness, fierceness, roughness
l'**aquilon**, *m.* north wind; north
une **araignée**, spider
arborer, to hoist (a flag)
un **archidiacre**, archdeacon
ardent, burning, ardent
arracher, to snatch, wrest from
arroser, to water
aspirer, to breathe in, inhale
assoupir, to make drowsy; *assoupi*, drowsy
atroce, atrocious, terrible
atteindre, to reach, touch
un **attelage**, team
attendre, to wait, await, expect; *en attendant que*, until
un **attentat**, criminal attempt
attirer, to draw towards, attract
l'**aurore**, *f.* dawn, east
un **autel**, altar
un **avare**, miser
aviser, to perceive, espy

la **bague**, ring
baigner, to bathe, lave
le **bail**, lease
baiser, to kiss (poetic); more usually, *embrasser*
le **balancement**, swinging, swing
le **bas**, stocking
le **bâtiment**, building
le **bâton**, staff, stake, stick
le **battant**, beater, clapper

R.

6

se **battre**, to fight
bêler, to bleat
bénir, to bless
le **bénitier**, holy water stoup
bercer, to rock (cradle), lull, soothe
le **berger**, shepherd
la **besogne**, task, work
le **besoin**, need, want
les **bestiaux**, *m.* cattle
beugler, to low, bellow
le **beurre**, butter
la **biche**, hind, roe
le **bien**, good, benefit, welfare; estate; *les biens*, goods
la **bise**, north wind
le **blé**, corn
blesser, to wound
la **blessure**, wound
le **bois**, wood
boiter, to limp
le **bord**, edge, bank
la **borne**, boundary, limit, bounds
le **bouchon**, cork, stopper
bouger, to stir
bouillir, to boil
boulanger, to bake
le **boulet**, cannon-ball
le **bourdon**, drone, great bell
bourdonner, to buzz, hum
la **bourgeoisie**, the middle classes
le **bouvier**, cow-herd, drover
le **brancard**, stretcher
la **brande**, heather, heath
la **brebis**, ewe, sheep
briller, to shine, glitter
briser, to break, shatter
le **brouillard**, fog, mist
la **bruine**, small drizzling rain
bruire, to make a noise, rustle, rattle
le **bruit**, the noise, sound
brûler, to burn
la **brume**, mist, fog, haze
la **bruyère**, sweet-heather, heath
le **bûcher**, wood-shed
le **bûcheron**, wood-cutter
le **but**, end, object, purpose

le **cabestan**, capstan
le **cabinet**, closet, study, cabinet, private room
se **cabrer**, to prance, rear
cacher, to hide
le **cadre**, frame, outline, setting

le **caisson**, ammunition waggon, caisson
le **calice**, chalice
la **camée**, cameo
carillonner, to peal (of bells)
le **carnet**, note-book
la **carrière**, career
la **casserole**, saucepan
causer, to chat, converse
les **cendres**, *f.* ashes
chagrin, -e, gloomy, sad; *le chagrin*, grief
la **chair**, flesh
la **chaise**, chair
le **chameau** (la chamelle), camel
champêtre, rustic
chanceler, to totter, stagger
le **chandelier**, candlestick
le **chapon**, capon
le **char**, car
le **charbon**, coal
la **charpente**, frame, framework
charroyer, to cart
la **charrue**, plough
la **chasse**, chase, hunt, game
le **chasseur**, hunter, huntsman
le **chauffage**, heating
le **chaume**, thatch
la **chaumière**, cottage
chauve, bald
le **chef-d'œuvre**, masterpiece
le **chêne**, oak tree
chenu, hoary, grey-headed
le **chœur**, choir
le **chrétien**, Christian
la **chute**, fall, overthrow, downfall
la **cicatrice**, scar
la **cigale**, grasshopper
citer, to quote
la **civière**, litter, stretcher
clair, clear, light, bright; *clair de lune*, moonlight
le **clairon**, trumpet, trumpeter
cligner, to wink, blink
la **cloche**, bell
le **clocher**, steeple
clouer, to nail
la **cognée**, axe
la **coiffe**, head-dress, hood
le **coin**, corner
la **colère**, anger
coller, to glue, stick
la **colline**, hill
le **comble**, height, climax, highest point

le **comice** agricole, agricultural show
comprendre, to understand ; include, comprise
le **concert**, concert ; harmony
confire, to preserve, pickle
la **connaissance**, acquaintance ; *les connaissances*, knowledge
convenable, suitable
convenir, to suit
le **cor**, horn
le **corbeau**, crow, raven
corné, horny
le **cortège**, procession
le **cou**, neck
le **couchant**, sunset ; west
le **coude**, elbow
coudre, to sew
coupable, guilty, culpable
couper, to cut
courber, to bend
le **couronnement**, crowning ; coping (of walls, etc.)
la **courroie**, strap
coûter, to cost
la **couvée**, brood
le **couvent**, convent
la **crainte**, fear
cramponner, to cling
le **crapaud**, toad
le **cratère**, bowl (archaic)
la **crèche**, cradle
créer, to create
le **crépuscule**, twilight
creuser, to dig
la **crinière**, mane
crochu, hooked, crooked
se **croiser**, to cross, intersect (each other)
le **croissant**, crescent
la **croix**, cross
le **croque-mort**, undertaker's man
croquer, to crunch, devour
la **croupe**, rump, hind quarters
la **cruauté**, cruelty
cueillir, to pluck, gather
le **cuivre**, copper
le **culte**, cult, veneration ; religion, creed
le **curé**, vicar, parish priest

d'ailleurs, moreover, besides
davantage, more
se **débarrasser**, to rid oneself of
déborder, to overflow
le **début**, beginning, outset

la **déception**, disappointment, deception
décerner, to decree, apportion
décharné, thin, emaciated
déchirer, to tear, rend
découvrir, to discover, uncover
décrire, to describe
le **dédain**, disdain
le **défaut**, fault, failing, weakness ; *en défaut*, in default, to blame
défricher, to grub up, break up (land)
la **défroque**, old clothes, cast off clothes
la **démarche**, gait, walk
la **démission**, resignation
dépeindre, to depict
dépensier, extravagant, spendthrift
la **dépouille**, slough, skin, remains
le **député**, deputy, member of parliament
déraciner, to uproot
désespéré, desperate, despairing
désordonné, disorderly, in confusion
désormais, henceforth
desserrer, to relax, loosen
le **destin**, fate, destiny (general sense)
la **destinée**, fate, destiny (of individual)
le **dévouement**, devotion
le **différend**, difference, dispute
disparaître, to disappear
le **don**, gift
le **dos**, back
le **drap**, cloth ; sheet
le **drapeau**, flag
dresser, to erect, straighten
dru, thick, fast, hard

l'**ébahissement**, *m.* amazement, astonishment
éblouir, to dazzle
s'**ébouler**, to fall in, fall down, sink
s'**ébranler**, to shake, be shaken
écailleux, scaly
à l'**écart**, on one side, aside
écarter, to thrust aside, separate
s'**échapper**, to escape
échauffer, to warm
un **éclair**, lightning-flash
éclairer, to lighten ; illumine

l'**éclat**, *m.* brilliance; splinter; crash; burst

éclos (éclore), opened (of flowers), hatched

une **écorce**, bark, rind

s'**écouler**, to flow, pass

écouter, to listen (to)

écraser, to crush

un **écrit**, writing, literary work

un **écrivain**, writer

s'**écrouler**, to fall in, fall down, fall to pieces

l'**écume**, *f.* froth, foam

écumer, to foam

effleurer, to skim, graze, touch lightly

l'**effroi**, *m.* fright

égorger, to cut the throat of, kill

s'**élancer**, to spring forth, take one's flight

l'**élite**, *f.* pick, select few; *d'élite*, picked, crack

s'**éloigner**, to withdraw, recede, go away

l'**émail**, -aux, *m.* enamel

un **émigré**, emigrant, refugee

émouvoir, to move, touch, affect

emplir, to fill

une **empreinte**, print, impression

emprunter, to borrow

encadrer, to frame, enclose

enfler, to blow out, distend

enfoncer, to sink, drive in

engraisser, to fatten

s'**enivrer**, to become intoxicated, be elated

un **enjambement**, overflow (verse)

enlever, to take away, remove

l'**ennui**, *m.* weariness, tedium, spleen

ennuyer, to annoy, weary

un **ensemble**, whole, aggregate, sum total

ensevelir, to bury

entasser, to heap up, pile up

entonner, to begin to sing, strike up

entraîner, to draw after, carry away

un **entretien**, a conversation

entr'ouvrir, to half open, open slightly

une **envie**, desire, longing; envy

environner, to surround

s'**envoler**, to fly away

épargner, to spare

éperdument, desperately, recklessly

éperonner, to spur

les **épluchures**, *f.* parings, pickings, refuse

épouser, to marry, espouse

épouvantable, terrible, dreadful

éprouvé, experienced, tried

éprouver, to experience

épuiser, to exhaust

errer, to wander

un **escabeau**, stool

un **escadron**, squadron

une **espèce**, kind, species

un **essor**, flight, soaring

essoufflé, out of breath

une **étable**, cow-shed

un **étage**, story, floor

l'**étain**, *m.* tin

étaler, to display

un **étalon**, stallion

l'**étamage**, *m.* tinning

étendre, to extend

l'**étendue**, *f.* extent, space

une **étincelle**, spark

une **étoile**, star

étoiler, to star, mark with a star

étreindre, to press, clasp

l'**étude**, *f.* study

s'**évader**, to break loose, make one's escape

éveiller, to awaken

éventer, to fan; get wind of

un **évêque**, bishop

exiger, to exact, demand

expérimenté, experienced

exprimer, to express

exquis, exquisite

exténué, exhausted, enfeebled

la **façon**, way, manner, fashion; *de toutes les façons*, in every conceivable manner, again and again

la **facture**, composition, workmanship

le **fait**, fact, deed

la **fange**, mud

la **farine**, flour

farouche, wild, fierce, sullen

fauve, tawny

fécond, fruitful, prolific

la **fée**, fairy

feindre, to feign, pretend

le **fermier**, farmer

le **festin**, feast, banquet
la **ficelle**, string
fier, proud
le **filet**, thread
flairer, to sniff, scent
flamboyer, to flame
la **flaque**, small pool, puddle
flatter, to flatter, caress
la **flèche**, spire
flétrir, to wither, fade, tarnish
fleuri, flowery, covered with flowers
le **fleuve**, river
le **flot**, wave, flood
la **foi**, faith
le **fond**, bottom, groundwork, essential part; substance, subject-matter
fouiller, to search thoroughly, rummage, ransack
fourchu, cloven
fourmiller, to swarm
fournir, to furnish, provide
le **foyer**, hearth
le **fracas**, crash, noise, din
les **frais**, *m.* expenses
la **frange**, fringe
frappant, striking, impressive
la **frayeur**, fright, terror, dread
frémir, to shudder, shiver, quiver
frire, to fry
frisé, curly
le **frisson**, thrill, tremor, shudder
la **fuite**, flight
fumer, to smoke
funèbre, funereal, mournful, dismal
funeste, fatal, deadly
le **fusil**, rifle, gun
le **fuyard**, fugitive, runaway

les **gages**, *m.* wages
la **gamelle**, porringer, bowl
la **garde**, hilt
le **gâteau**, cake
gâter, to spoil
la **gaule**, wand, rod, staff
le **gave**, torrent, mountain stream (in Pyrenees)
le **gazon**, turf
geler, to freeze
le **genêt**, broom (plant)
le **génie**, genius
le **genre**, the kind, sort
gésir, to lie; *ci-gît*, here lies

le **geste**, gesture, movement
le **gibier**, game
le **gigot**, leg (of mutton), hind leg
le **givre**, hoar frost, rime
la **glace**, ice
glisser, to slip, slide
gonfler, to swell, inflate
la **gorge**, throat
le **goulot**, neck (of a bottle)
le **goût**, taste
la **goutte**, drop
gratter, to scratch
la **grenouille**, frog
la **griffe**, claw, talon
le **griffon**, griffin
grincer, to grate, grind
le **grognard**, grumbler; veteran of the First Empire
le **groin**, snout (of a hog)
gronder, to scold; growl, rumble, roar
la **guerre**, war
la **gueule**, mouth (of an animal), jaws

(L'astérisque indique une *h aspirée*)

*la **hache**, hatchet, axe
*la **haie**, hedge
*le **haillon**, rag, tatter
*la **haine**, hatred, hate
l'**haleine**, *f.* breath
***haleter**, to pant
***hardi**, bold
*le **hasard**, chance; *au hasard*, at random
***hautain**, haughty
***hennir**, to neigh
*se **hérisser**, to bristle, stand on end
*le **hérisson**, hedgehog
***heurter**, to jostle, run up against
*le **hibou**, owl
une **hirondelle**, swallow
***honteux**, shameful, ashamed
***huer**, to shout after, hoot at
***hurler**, to howl, yell, bellow, shout

ignorer, to be ignorant of, not to know
il **importe**, it matters
un **imprimeur**, printer
un **incendie**, fire, conflagration
indiquer, to indicate, point out
indistinctement, indiscriminately
indompté, untamed

inébranlable, unshakable
insensé, mad, senseless
l'isolement, *m.* isolation
l'ivoire, *m.* ivory
ivre, intoxicated

jaillir, to gush out
le jarret, ham, hough
la joue, cheek
le joug, yoke
jouir (de), to enjoy, revel in, possess
la jument, mare

le labourage, ploughing
lâcher, to let go, let loose
le lambeau, rag, tatter
lancer, to hurl, cast; launch
la larme, tear
lasser, to tire, fatigue
lécher, to lick
le légume, vegetable
la lèvre, lip
le lévrier, greyhound
les lices, *f.* lists, barriers, arena, enclosure
le licou, halter
lier, to bind, connect
la lieue, league (distance)
le linceul, winding-sheet, shroud
la lisière, edge, border
livrer, to deliver, hand over
le locataire, tenant
lointain, distant
le loup (la louve), wolf; *loup-cervier*, lynx
la loupe, wen, tumour
le louveteau, wolf cub
la lueur, glimmer, glimmering light
lutter, to struggle

la mâchoire, jaw, jaw-bone
maigrir, to grow thin
le maintien, upkeep, maintenance; deportment, bearing
le maître de conférences, lecturer
mâle, male, manly
malgré, in spite of
la mamelle, breast, teat
la manche, sleeve
le manche, handle
manquer, to fail, be wanting
le maraîcher, market-gardener
le marbre, marble

le marché, bargain; market
le Maure, Moor
le méfait, misdeed
le mélange, mixture
mêler, to mix, mingle
ménager, to spare, husband, manage
la ménagère, housewife
le menton, chin
le mépris, contempt
la merveille, marvel; *à merveille*, marvellously
la messe, mass
le métier, trade, calling
le mets, dish (food)
meuble, movable; personal; *bien meuble*, personal estate; *bien immeuble*, real estate
le miel, honey
mince, slender, thin
minutieux, minute, detailed
la misère, poverty; misery
la mitraille, grape-shot
les mœurs, *f.* manners, morals, habits, customs
mondain, worldly, mundane, fashionable
morne, sad, gloomy, dejected
la mouche, fly
le moucheron, gnat
le moulin, mill
le moyen-âge, Middle Ages
muet, mute, silent
le mugissement, lowing, roaring, bellowing
munir, to furnish, provide
le mur, wall
museler, to muzzle

nager, to swim
naguère, but lately
le nain, dwarf
la naissance, birth
naître, to be born
la narine, nostril
le naseau, nostril (of animals)
néanmoins, nevertheless
neiger, to snow
neigeux, snowy
net, -te, clear, distinct
la niche, *f.* niche; kennel; trick (*faire des niches*)
le nid, nest
nombreux, numerous
nourrir, to nourish, feed

la **nouvelle**, story, short story, novelette
noyer, to drown
le **nuage**, cloud
la **nuance**, shade, hue, tint

un **obus**, shell (artill.)
un **œuf**, egg
une **œuvre**, work
ombrageux, suspicious, distrustful
une **ombre**, shadow, shade
un **ongle**, nail, claw
orageux, stormy
une **oreille**, ear
osé, daring, bold
oser, to dare
osseux, bony
ouïr, to hear
en **outre**, besides, in addition
une **outre**, wine-skin, leather bottle
un **ouvrage**, work

la **paille**, straw
le **paladin**, paladin, champion, knight-errant
le **palais**, palace
le **panier**, basket
pantelant, panting, gasping
le **paon**, peacock
le **papillon**, butterfly
le **parapluie**, umbrella
le **paravent**, screen
parcourir, to travel over
pareil, similar
parfois, sometimes
parmi, among
la **paroi**, wall, partition, side
la **paroisse**, parish
le **paroissien**, parishioner
la **parole**, word, speech; word of honour
la **part**, share, portion; *nulle part*, nowhere
partager, to share
à **partir** de, from, ever since
se **passer** de, to do without, dispense with
le **pâtre**, shepherd
la **patrie**, fatherland
la **paume**, palm (of the hand)
la **paupière**, eyelid
la **peau**, skin
le **pêcheur**, fisher, fisherman
le **pèlerinage**, pilgrimage

le **penchant**, leaning, preference
pencher, to lean, bend
pénible, painful
perclus, crippled
le **pillard**, pillager
le **pilon**, pestle; *mettre au pilon*, tear up (books)
le **pilotis**, piling, pile-work
le **pinceau**, pencil, paint-brush
le **piquant**, prickle, quill (of porcupines)
le **piquet**, picket, peg, stake
la **piqûre**, prick, sting, puncture
la **place**, room; place; public square
la **plage**, beach, shore
plaindre, to pity
la **plainte**, complaint, lamentation
la **plaisanterie**, pleasantry, joke, witticism
planer, to hover, soar
le **pleur** (poet.), lament; *les pleurs*, tears
pleurer, to weep
le **pli**, fold, plait, bend, wrinkle
le **plomb**, lead
la **pluie**, rain
plutôt, rather
la **poche**, pocket
le **poids**, weight
le **poignard**, dagger
le **poisson**, fish
la **poitrine**, chest, breast
posséder, to possess
le **poulain**, foal
pourri, rotten
poursuivre, to pursue
pourtant, however
la **poutre**, beam
la **prairie**, meadow
presque, almost
le **prêtre**, priest
la **prise**, hold, pinch (of snuff); *aux prises avec*, grappling with, struggling with
priver, to deprive
le **prix**, price, prize
proche, near
prodigue, prodigal, spendthrift
la **proie**, prey
puissant, powerful

la **quête**, quest, search; *se mettre en quête de*, to go in search of
la **queue**, tail

rabattu, drooping, turned down

la **racine**, root

raconter, to relate

ralentir, to slacken, abate; *intr.* se ralentir

ramper, to crawl

la **rangée**, row

le **rapport**, relation, connection

se **rapporter**, to refer

rapprocher, to bring together, compare

raser, to shave

le **rayon**, ray

réagir, to react

réchauffer, to warm (again)

la **récolte**, crop, harvest

récolter, to harvest, gather in, reap

reconnaissant, grateful

le **recueil**, collection, selection

le **recueillement**, meditation, contemplation

refléter, to reflect

le **rejet**, overflow (verse)

relever, to raise again; notice, draw attention to

le **remords**, remorse

remuer, to move, stir

la **rente**, income, revenue, rent

renverser, to reverse, turn upside down, knock over

répandre, to spread

le **répétiteur**, tutor, junior assistant master

replier, to bend back, fold back

repoussant, repulsive

repu, satisfied; fed

résoudre, to resolve

respirer, to breathe

se **ressentir**, to bear evidence (of), feel the effects (of)

ressortir, to go (come) out again; arise, proceed (from)

le **retour**, return; *de retour*, back again

rétrécir, to take in, make narrower, contract

réussir, to succeed

la **revanche**, revenge

le **rêve**, dream

le **revenant**, ghost

rêveur, dreamy

le **rivage**, bank, shore

rogner, to clip, cut

le **roman**, novel

la **romance**, ballad, song

romanesque, romantic

le **romantisme**, romanticism

le **roquet**, pug-dog; puppy, cur

rose, pink

le **roseau**, reed

se **ruer**, to rush upon, throw oneself upon

le **sable**, sand

saccadé, jerky, irregular

saint, holy

saisir, seize

saisissant, striking, thrilling

le **salon**, the drawing room; *les salons*, literary *réunions* which flourished in the XVIIth and XVIIIth centuries

sanglant, bloody, covered with blood

le **sanglot**, sob

le **sapin**, fir-tree

sautiller, to hop, skip, jump about

sauvage, wild

le **scintillement**, sparkling, scintillation

secouer, to shake

la **secousse**, shock, shake

séculaire, secular; venerable; ancient

le **sein**, bosom

le **séjour**, sojourn, abode

la **selle**, saddle

selon, according to

la **semaille**, sowing

semblable, similar

sembler, to seem

semer, to sow, scatter

la **sensibilité**, feeling, sensibility

sentir, to smell, smell of; taste; smack of, savour of

septentrional, northern

serrer, to tighten, squeeze; put away; lock up

se **servir** (de), to use, make use of

le **seuil**, threshold

le **siècle**, century, age

le **siège**, seat, siege

siffler, to whistle

signaler, to point out, give the description of; *se signaler*, to distinguish oneself, to be marked (by)

le **sillon**, furrow

le **soin**, care
le **son**, sound ; bran
la **sonnette**, the rattle, little bell ; *serpent à sonnettes*, rattlesnake
le **sort**, fate
sortir, to go out, come out, issue ; *sorti de*, sprung from
la **souche**, stump, stock
le **souci**, care, anxiety
soudain, suddenly, sudden
le **souffle**, breath
souffler, to blow
le **soufflet**, bellows, pair of bellows
soulager, to relieve
soumettre, to submit, subject ; *se soumettre*, to submit, yield
la **source**, spring, source
sourd, deaf
le **sourire**, smile
soutenir, to sustain, maintain
la **souvenance** (old word), recollection ; modern, *le souvenir*
la **strophe**, stanza
subir, to undergo
le **sud**, South
suffisant, sufficient
la **suite**, succession, continuation
le **supplice**, punishment, torment, anguish
supprimer, to suppress
surveiller, to watch over, supervise, superintend
en **sus** (de), in addition to

la **tâche**, task
la **taille**, stature, size ; *pierre de taille*, freestone
se **taire**, to keep silent
le **talon**, heel
le **tambour**, drum
tant, as much, as many ; *tant... que...*, both...and...
tasser, to heap up, pile up, cram, crowd
le **taureau**, bull
le **témoignage**, evidence
les **tenailles**, *f.* pincers
ténébreux, dark, gloomy, obscure
tenir (de), to take after, savour of, smack of
terne, tarnished, dull
téter, to suck (milk)

tiède, mild, warm
le **timon**, pole (of a coach), beam (of a plough)
tirer, to draw
le **titre**, title
la **toile**, cloth, canvas ; *toile d'araignée*, spider's web
la **toilette**, dress, toilet
le **tour**, tour, revolution
le **tourbillon**, whirlwind
la **trahison**, treason
le **trait**, the feature, trait
traîtreusement, treacherously
le **tranchant**, edge (of a blade)
le **travers**, caprice, eccentricity, oddity
le **trèfle**, clover; trefoil
le **tremble**, aspen
tremper, to soak
tressaillir, to tremble, shudder
tromper, to deceive
le **trône**, throne
le **troupeau**, flock
la **truffe**, truffle
tuer, to kill

vaciller, to reel, stagger
la **vague**, wave
le **vallon**, dale, vale, little valley
valoir, to be worth; to be the cause of, to procure; *faire valoir*, make the most of, set off
le **vautour**, vulture
le **veau**, calf
la **veille**, eve, day before ; watch, vigil
veiller, to watch, keep awake
velu, hairy, shaggy
le **ventre**, belly, stomach
le **vermeil**, silver-gilt
un **vers**, a verse (single line) ; *les vers*, verses
le **vertige**, vertigo, giddiness, dizziness
vide, empty ; *le vide*, void
la **vis**, screw, spiral stair
le **vœu**, vow, prayer, wish, desire
la **volée**, flight ; volley ; peal (bells)
voler, to rob
la **voûte**, vault, arch, canopy
la **vue**, sight, view

Printed in the United States
By Bookmasters